이것이 생성형 AI다

이것이 생성형 AI다

초판 1쇄 인쇄 2025년 2월 1일
1쇄 발행 2025년 2월 15일

지은이 김명락
대표·총괄기획 우세웅

책임편집 강진홍
기획편집 김은지
콘텐츠기획·홍보 김세경
북디자인 박정호

종이 페이퍼프라이스㈜
인쇄 ㈜다온피앤피

펴낸곳 슬로디미디어
출판등록 2017년 6월 13일 제25100-2017-000035호
주소 경기 고양시 덕양구 청초로 66, 덕은리버워크 A동 15층 18호
전화 02)493-7780   **팩스** 0303)3442-7780
홈페이지 slodymedia.modoo.at   **이메일** wsw2525@gmail.com

ISBN 979-11-6785-241-0 (03320)

대규모 언어 모델(LLM)이 바꾼
AI(인공지능) 생태계의 모든 것

이것이
생성형
AI다

김명락 지음

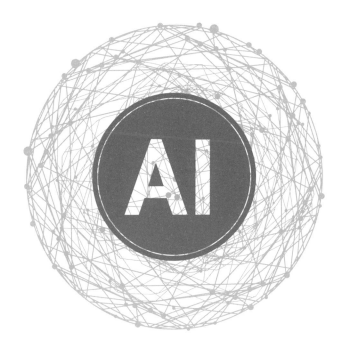

 슬로디미디어

추천사

이 책 『이것이 생성형 AI다』는 새로운 세상을 뚫고 나갈 강력한 무기인 '생성형 AI'를 쉽게 이해하고 활용할 수 있는 길을 제시해 줍니다. 빠르게 발전하는 생성형 AI의 바다에서 우리에게 최고의 나침반이자 동반자가 되어줄 것입니다.

-이원희((주)리빈에이아이 사업부문장)

어려운 생성형 AI를 쉽게 설명하는 인재가 되고 싶다면 반드시 읽어야 할 책. 대학생은 취직이 빨라지고, 직장인은 승진이 빨라질 겁니다.

-이석주(국민대학교 비즈니스IT대학원 겸임교수)

생성형 AI에 관해 쉽고 친근하게 풀어내어 일반인도 쉽게 이해할 수 있는 훌륭한 안내서입니다. 수년간 AI 업계를 이끌어온 저자의 경험에서 우러나온 날카로운 통찰이 이 책을 더욱 빛나게 합니다. AI에 관심 있다면 꼭 한번 읽어보시길 추천해드립니다!

-최주희(상명대학교 스마트정보통신공학과 교수)

우리가 아는 AI가 한 단계 더 발전한 모습인 생성형 AI에 관한 탄탄하고 읽기 쉬운 형태의 정석을 저자가 세상에 내놓은 것 같습니다. 우리가 경험하고 있는 기술 혁신이 2025년 이후의 세상에서 어디까지 진화할 것인지를, 전문가인 저자의 명쾌한 논리와 생각을 바탕으로 상상해보는 것도 좋을 것 같습니다.

−안태희(에잇핀 CTO)

2025년 출범하는 미국 트럼프 2기 행정부에서 가장 큰 수혜를 받을 것으로 예상되는 '매그니피센트 7(Magnificent 7)'이 주도하는 AI 산업, 그중 최근 가장 성장성이 높은 생성형 AI에 대해 일반인이 이해하기 쉽게 풀어 쓴 이 책은 기술서가 아닌 투자 필독서로 손색이 없습니다.

−김세규(한국경영인증원 수석 전문위원)

서울대학교 원자핵공학과 석사 과정 때부터 AI 연구를 시작했던 저자가 요즘 화두가 되고 있는 AI 전반을 깊은 이해를 바탕으로 친절하게 소개한 길라잡이 책입니다. 이 책은 비슷하지만 다르고, 달라 보이지만 비슷한 다양한 AI의 개념들을 명쾌하게 풀어주고 있습니다.

–나용수(서울대학교 원자핵공학과 교수)

이 책 『이것이 생성형 AI다』는 막연하게 느껴질 수도 있는 생성형 AI와 쉽게 친해질 수 있도록 자신감을 줍니다. AI에 대한 저자의 열정과 근성은 많은 독자의 답답함을 해소해줄 것입니다. 책이 출간되면 저도 제대로 다시 한번 정독하고자 합니다.

–김영기((주)하포테크 기업부설연구소 연구소장)

한때 우리는 인터넷이 무엇인지 배워야 하던 때가 있었으나, 이제는 모든 것이 연결되어 있는 현실 속에서 그것을 따로 떠올리지 않고 당연하다는 듯이 자연스럽게 살아갑니다. AI도 마찬가지입니다. 이미 우리 삶 곳곳에 스며들어 있고, 앞으로 그 영향력은 더욱 커질 것입니다. 초기에 인터넷을 알고 활용한 사람들이 기회를 잡았던 것처럼, 지금은 빨리 AI를 알고 기회를 잡을 때입니다. AI에 대한 초급 입문서인 이 책은 복잡한 수식이나 기술적 설명보다는 풍부한 비유로 가득 차 있습니다. 실제 사업을 진행하고 있는 저자답게 간결하고 실용적인 이 책을 입문자들에게 추천해드립니다.

—이준일(경희대학교 경영대학 회계·세무학과 교수)

생성형 AI의 모든 것을 담은 이 책은 AI 초보부터 전문가에 이르는 모두의 'AI 멘토'가 될 것입니다. 챗GPT가 "이 책 좀 보세요!"라고 추천할 만한, 지식과 위트가 절묘하게 어우러진 필독서! AI 시대에 뒤처지고 싶지 않다면 지금 바로 펼쳐보세요!

—정동진(동의대학교 동의정보기술아카데미 강사)

AI 기업 CEO가 들려주는
AI 7문 7답

Q1. 『이것이 인공지능이다』, 『청소년을 위한 이것이 인공지능이다』 2종의 책을 출간했고, 이번에 3번째 도서를 출간하시는데요. 이 책『이것이 생성형 AI다』를 집필하게 된 가장 큰 계기와 주요 목표는 무엇인가요?

김명락: 2016년 3월 AI 바둑 알파고와 이세돌 9단의 대결 이후 AI에 대한 대중의 기대와 이해가 크게 변했고, AI와 관련한 산업과 시장도 큰 변혁을 겪었습니다. 2022년 연말 챗GPT(ChatGPT)가 알

려지기 시작하면서 AI에 대한 대중의 생각과 시장 상황이 다시 크게 변했습니다. 저도 AI 회사를 경영하며 챗GPT 출현 이후 바뀐 시장 상황에 적응하고 시장을 선도하기 위해 고군분투하는 과정에서 많은 고민과 경험을 했습니다. 이 고민과 경험을 바탕으로 AI에 관한 3번째 대중서를 집필해야겠다고 생각했습니다.

특히 많은 사람이 챗GPT, GPT, 대규모 언어 모델(Large Language Model, LLM), 생성형 AI, 초거대 AI라는 표현을 혼용하고 오해하는 상황을 자주 접했습니다. 이러한 오해를 바로잡아서 대중이 생성형 AI를 보다 적확하게 이해하고 잘 활용할 수 있도록 하겠다는 것이 책을 쓰기로 결심한 계기이자 이번 집필의 주요 목표입니다.

Q2. 최근 과학 기술 분야에서 가장 주목할 만한 혁신이나 발전은 무엇이라고 생각하시나요?

김명락: 2024년 노벨 물리학상은 존 조지프 홉필드(John Joseph Hopfiled)와 제프리 힌턴(Geoffrey Everest Hinton)에게 수여되었습니

다. 존 조지프 홉필드는 딥러닝(Deep Learning)의 전신인 인공신경망 (Neural Network)을 만든 프린스턴대학교 명예 교수이고, 제프리 힌턴 은 딥러닝을 만든 토론토대학교 교수입니다. 2024년 노벨 화학상을 받은 데미스 허사비스(Demis Hassabis), 존 마이클 점퍼(John Michael Jumper), 데이비드 베이커(David Baker) 중 데미스 허사비스와 존 마이 클 점퍼는 국내에는 이세돌 9단과 바둑 대결을 한 AI 알파고를 만 든 회사로 유명한 구글 딥마인드의 CEO, 이사입니다.

노벨 생리학·의학상까지 포함해서 2024년에 총 7명이 과학 분야 노 벨상을 수상했는데, 이 중에서 무려 4명이 AI와 관련된 연구를 한 과학자나 엔지니어입니다. 이만큼 AI가 최근 과학 기술 분야의 혁신 과 발전을 주도하고 있습니다.

20세기 초부터 시작된 AI에 대한 연구는 그동안 대중에게 많은 기 대감을 줬는데, 기대에 부응하지 못하고 실망감을 안겨서 암흑기에 빠진 적이 있습니다. 한동안 잊혔다가 다시 기대감을 줬다가 실망감 을 주는 일을 반복해왔습니다. 하지만 최근 드디어 AI가 현실 세계 에서 의미 있는 성과를 보여주기 시작했고, 이 성과는 앞으로 계속 커질 것입니다.

수십 년 전에 대부분의 과학자가 컴퓨터를 활용하지 않고 연구할 때 어떤 과학자가 컴퓨터를 활용해서 연구했다면 이 과학자의 접근이 매우 혁신적으로 보였을 것입니다. 하지만 지금은 컴퓨터를 통해 연구하는 것이 어떤 분야에서든 당연한 일이기 때문에 컴퓨터로 연구하는 것이 특별히 혁신적인 일이 아닙니다. 지금은 AI를 활용한 연구가 혁신적으로 보일 수 있지만 가까운 미래에는 AI를 활용하는 것이 당연한 일이 될 것입니다. 지금 우리가 컴퓨터를 활용하는 것이 당연한 일인 것처럼요.

Q3. 내년에도 생성형 AI가 주요 정보기술(IT) 트렌드로 자리 잡을 것이라는 분석이 나오고 있는데요. 작가님이 생각하시는 생성형 AI가 가져올 미래 변화에 대해 말씀 부탁드립니다.

김명락: 그동안 AI 분야에서 전문가시스템, 인공신경망, 딥러닝 등의 기술이 출현하며 많은 정보기술 트렌드를 이끌어왔습니다. 하지만 이 AI 기술들은 대중이 직접 접하기에는 기술적 난도가 높았

습니다. 그래서 일반인들은 전문 AI 개발자들이 AI 기술을 활용하여 만든 AI 서비스를 이용하는 형태로만 기술의 혜택을 누릴 수 있었습니다.

하지만 생성형 AI는 사용자가 보다 편하고 친숙하게 직접 경험할 수 있다는 장점이 있습니다. 새로운 정보기술 트렌드가 시장에 출현한 이후 많은 사용자가 이 트렌드에 참여해야 시장에서 소멸되지 않고 트렌드가 계속 발전할 수 있습니다. 사용자가 사용한 경험이 충분히 쌓여서 기술을 검증하고, 수많은 시행착오 속에서 더 나은 방향으로 기술을 발전시킬 단서를 찾을 수 있기 때문입니다. 이미 수많은 사람이 비즈니스, 연구, 일상에서 생성형 AI를 활용하고 있기 때문에 생성형 AI 기술의 발전이 더 가속화할 것입니다.

생성형 AI가 다양한 분야에 활용되면서 이것을 어떻게 활용하면 비즈니스, 연구, 일상에 더욱 도움이 되는지에 대한 사용자들의 경험이 쌓이고 있습니다. 이 경험들은 SNS와 동영상 공유 플랫폼 등으로 확산되고 있습니다. 대중이 생성형 AI를 어떻게 활용하는지를 참고해서 개발자들이 AI를 연구하고 개발하고 있기 때문에 생성형 AI를 사용한 경험과 생성형 AI 기술 자체가 같이 발전하는 선순환

이 이어지고 있습니다.

컴퓨터, 인터넷, 스마트폰이 일상의 일부가 되었고, 사람들이 이 도구들을 일상에서 더 잘 활용하는 방향으로 관련 기술들이 끊임없이 발전하고 있는 것처럼 생성형 AI는 앞으로 인류와 함께 인류의 미래를 만들어가는 기술 수단이자 파트너가 될 것입니다.

Q4. 대규모 언어 모델이 우리 사회와 산업에 미칠 영향을 어떻게 전망하시나요?

김명락: 인터넷 검색엔진이 인터넷에 존재하는 수많은 데이터를 우리가 쉽게 찾을 수 있는 길을 열어줬다면 대규모 언어 모델은 우리가 AI라는 기술로 방대한 데이터를 유용하게 활용하도록 하는 길을 제시해줬습니다.

데이터의 양이 많다고 해서 데이터의 가치가 무조건 커지는 것은 아닙니다. 3차 산업혁명에 해당하는 정보화 혁명 때는 많은 데이터를 사람이 잘 활용할 수 있도록 도와주는 정보기술이 큰 역할을 했습니다. 4차 산업혁명이 이미 시작된 현재에는 인간이 최소한으로 개입해도 많은 데이터, 즉 빅데이터가 쓸모 있도록 만들기 위해서 AI 기술이 중요한 역할을 하고 있습니다. 빅데이터를 가지고 AI 모델을 학습시켜 목표 이상의 성능을 만들어내는 것은 매우 어렵고 시간과 비용이 많이 필요한 일입니다.

그런데 대규모 언어 모델은 이미 글로 표현된 방대한 데이터를 가지고 AI 모델을 학습시킨 결과물이기 때문에, 일일이 빅데이터를 가지고 AI 모델을 학습시켜서 만들어내는 과정을 건너뛸 수 있습니다. 일반적인 능력을 지닌 대규모 언어 모델에 프롬프트 엔지니어링, 전이 학습(Fine Tuning), RAG 등의 기술을 적용하여 주어진 문제를 더 잘 풀 수 있도록 최적화하면 백지상태에서 빅데이터로 AI 모델을 학습시켜 만들어내는 것보다 훨씬 더 쉽고 효과적입니다.

인터넷 검색엔진이 인터넷에 존재하는 방대한 데이터를 더 잘 활용할 수 있도록 해줬다면, 대규모 언어 모델은 AI 모델의 학습 대상이 될 수 있는 거의 모든 데이터를 더 쉽고 편리하게 AI라는 기술 수단을 통해 활용할 수 있도록 해주고 있습니다.

대규모 언어 모델은 우리 사회가 해결해야 하는 많은 문제와 다양한 산업이 극복해야 하는 문제들을 데이터를 기반으로 AI 기술을 활용하여 해결하는 일을 더욱 쉽고 효과적으로 해내는 데 도움이 될 것입니다.

Q5. 대규모 언어 모델 시대의 위협으로부터 우리가 알아야 할 것들은 무엇일까요?

김명락: 대규모 언어 모델을 보편적으로 활용하면 일상과 학업과 사업이 편리해질 것입니다. 하지만 대규모 언어 모델에 사람들이 점점 더 의존하면서 스스로 생각하고 문제를 해결하는 능력이 오히려 퇴보할 가능성이 높습니다.

책이나 뉴스를 직접 읽고 스스로 판단하던 사람들이, 이제는 타인이 요약하고 편집한 짧은 분량의 영상에 장기간 노출되면서 사고의 폭이 오히려 더 좁아지고 수동적인 사고를 점점 많이 하는 상황을 자주 목격하게 됩니다. 타인이 시간을 들여서 요약하고 편집해놓은 영상이나 SNS 내용들을 접하면 매우 효과적으로 정보를 파악할 수 있는 것처럼 느껴집니다. 하지만 이런 과정을 계속 겪다 보면 스스로 정보를 파악하여 판단하는 능력이 퇴보할 수밖에 없습니다.

대규모 언어 모델은 방대한 데이터 안에서 확률적으로 가장 가능성이 높은 결과를 도출하는 형태로 작동하기 때문에 다수의 의견이나 일반적인 사례를 따르는 결과를 보여줍니다. 대규모 언어 모델의 결과를 자주 접할수록 독창성과 개성이 줄어들고, 일반적인 결과에 수렴하게 될 위험이 있습니다. 따라서 활용하는 사람이 스스로 나다움을 먼저 확립하고 주도적으로 생각한 이후에 대규모 언어 모델을 수단으로 활용하여, 방대한 데이터에 함몰되는 일이 없도록 해야 합니다.

Q6.   AI와 인간의 협업이 향후 과학 기술 발전에 어떤 영향을 미칠 것이라고 생각하시나요?

김명락: 인간은 데이터로 AI를 학습시켜주는 존재이고, AI의 결

과를 활용해주는 존재입니다. 즉 인간이 있어야만 AI가 만들어지고, 계속 발전할 수 있습니다. AI가 만들어내는 결과도 인간이 활용해야만 비로소 가치가 생깁니다.

장미꽃에 의미를 부여한 어린 왕자처럼 인간은 최근 AI에 의미를 부여하고 AI을 제대로 활용하기 위해 이런저런 시행착오를 겪고 있습니다. AI 기술은 매우 다양한 방향으로 발전하고 있는데, 어떤 AI 기술이 뛰어나다 또는 그렇지 않다는 것은 이 기술을 인간이 활용했을 때 현실 세계에서 쓸모가 있었느냐 또는 그렇지 않았느냐로 결정됩니다.

AI 기술 자체가 따로 발전하고, AI 기술을 활용하는 인간의 행태가 따로 발전하는 것이 아닙니다. AI 기술 발전 자체와 이 기술을 이해하고 활용하려고 하는 인간의 다양한 노력과 수많은 시도가 20세기 초부터 최근까지 협업하면서 이어져왔습니다.

AI 기술의 발전은 좁은 의미에서 AI 기술을 다루고 발전시키는 AI 개발자에 의해서만 이루어진 것이 아닙니다. AI 기술을 다양한 관점으로 받아들이고 이 기술을 다양한 형태로 활용하는 대중에 의해서도 이루어졌습니다. 음악과 미술에 대한 관점과 기대 그리고 의미 부여가 수많은 사람마다 다르듯이 'AI는 무엇이다'라는 교과서적 정의가 있는 것이 아닙니다. 사람마다 서로 다른 관점과 해석, 그리고 기대와 이해 등 다양한 생각이 공존하는 것이 AI 발전에도 큰 도움이 됩니다.

음악과 미술을 삶에서 받아들이며 즐기고 삶을 더욱 풍성하게 하기 위해 활용하고 접근하는 모습이 사람마다 다르듯이 AI를 어떻게 받아들이고 어떻게 활용할지도 사람마다 다릅니다. AI는 이미 컴퓨터, 인터넷, 스마트폰과 같이 인간의 일상과 학업과 사업에서 분리할 수 없는 일부가 되었습니다. AI 기술이 인간의 삶을 돕고, 다시 인간이 삶에서 AI를 어떻게 이해하고 활용하느냐가 AI 기술 자체를 발전시키는 방향을 결정하는 일이 끊임없이 이어지면서 AI와 인간의 삶은 같이 발전할 것입니다. 이렇게 AI와 인간의 삶이 협업하는 과정에서 AI는 다양한 분야의 과학 기술이 발전하는 데 중추적인 역할을 해낼 것입니다.

Q7. 향후 10년 동안 과학 기술 분야에서 어떤 주요 트렌드나 변화가 나타날 거라고 예상하시나요?

김명락: 과거 PDA와 휴대전화라고 불렸던 셀룰러폰이 기술적으로 경쟁할 때 엔지니어들은 PDA가 미래의 모바일 산업을 주도할 것이라고 예상했습니다. 휴대전화는 전화 통화를 위해 만들어진 장치였기 때문에, 하드웨어 관점에서 새로운 기능을 계속 추가하고 성능을 끌어올리기에는 PDA보다 불리한 점이 많았습니다. 그리고 PDA에는 상대적으로 안정성이 높은 운영체제(OS)가 탑재되어 있었지만 휴대전화는 운영체제 관점에서도 기능을 확장할 때 PDA에 비해 불리한 점이 있었습니다.

비유하면, 자전거를 발전시켜서 우주선을 만드느냐, 아니면 대형 여객용 비행기를 발전시켜서 우주선을 만드느냐를 생각해봤을 때 자전거보다는 비행기가 우주선으로 발전시키기에 더 나아 보이는 것과 같았습니다. 자전거에 해당하는 것이 휴대전화고, 비행기에 해당하는 것이 PDA입니다.

그런데 스티브 잡스가 아이폰을 세상에 선보이면서 휴대전화가 아닌 스마트폰이라는 개념을 대중에게 소개했습니다. 대중은 스마트폰에 큰 기대를 하기 시작했고, 대중의 관심과 시장의 자본이 스마트폰에 집중되기 시작되었습니다. 시간이 지남에 따라서 스마트폰의 성능은 과거 서버 수준의 컴퓨터를 능가하기 시작했고, 수십 년 전 슈퍼컴퓨터의 성능보다 현재 스마트폰의 성능이 더 뛰어난 상황까지 도달했습니다. 반면 PDA의 발전은 상대적으로 더디게 진행되었고, 현재 스마트폰은 제2의 개인용 컴퓨터(Personal Computer)로서 PDA를 한참 추월했습니다.

기술적인 관점에서만 보면 PDA가 휴대전화를 뛰어넘어 모바일 디바이스 시장을 선도할 것으로 예상되었지만 대중의 관심과 시장의 자본이 스마트폰에 오랫동안 집중되면서 PDA가 아닌 스마트폰이 모바일 디바이스 시장을 선도하게 된 것입니다. 비행기가 아닌 자전거가 발전하여 우주선이 된 셈입니다.

미래 과학 기술 분야의 주요 트렌드는 기술의 관점에서 결정되지 않습니다. 대중이 기술을 어떻게 이해하고, 어떤 기술에 더욱 열광하고 시장의 자본이 어떤 기술에 더욱 집중되느냐에 따라서 과학 기술 분야의 주요 트렌드가 어떤 방향으로 이어질지가 결정됩니다. 과학 기술 분야의 트렌드는 기술 자체를 다루는 연구자나 엔지니어에 의해서 결정되는 것이 아니라 기술을 이해하고 활용하려고 노력하는 대중에 의해서 결정됩니다. 즉 기술은 언제나 수단일 뿐이고, 대중에 의해서 기술 자체가 앞으로 어떤 방향으로 발전할지가 결정됩니다. 컴퓨터, 인터넷처럼 AI는 다양한 기술 분야에서 유용한 수단으로 활용될 것입니다. AI 기술이 앞으로 어떤 방향으로 발전할 것인지, AI 기술을 수단으로 활용하는 다양한 과학 분야의 향후 트렌드가 어떻게 나타날 것인지는 이 책을 읽고 있는 독자들에게 달려 있습니다.

프롤로그

2015년 7월 나는 현재 경영하고 있는 회사를 창업했다. 당시만 해도 인공지능(AI)에 관해서는 전혀 생각하지 않았다. 나는 유동 인구와 관련한 데이터를 분석하여 유용한 정보를 제공하는 서비스를 만들기 위해 회사를 창업했다. 이후 2016년 3월에 AI 바둑 알파고와 이세돌 9단의 바둑 대결이 열렸다. 이 대결을 보면서 나는 대학원 시절에 AI를 활용하여 핵융합 장치 안 플라스마의 모양과 위치를 파악하는 연구를 했던 시절을 자연스럽게 떠올렸다. 유동 인구 데이터를 분석할 때 AI를 활용하면 되겠다는 생각을 이때에야 했다. 그 뒤로 유동 인구 데이터를 AI로 분석하는 기술을 개발했으나 만족할 만한 사업 성과를 만들어내지는 못했고 스포츠 분야로 전환해서 AI를 활용한 스포츠 서비스를 만들고 있다.

나는 자체 AI 서비스를 만들기 위해 계속 노력하며 다양한 분야에서 AI 컨설팅 및 외주 개발과 AI 연구 과제를 수행했다. 그 과정에서 2016년부터 최근까지 AI에 대한 대중의 기대가 커졌다가 작아지고 또다시 기대가 커졌다가 작아지는 일이 반복되는 것을 느낄 수 있었다. AI 기술 자체는 20세기 초부터 시작되었다고 보는 의견이 지배적이기 때문에, 사실 AI 기술은 새로운 것이 아니고 역사가 매우 오래된 고전 기술이다. 그런데 우리가 여전히 AI 기술을 신기술처럼 느끼는 이유는 AI 기술에 대한 기대와 인식이 계속해서 새롭게 바뀌기 때문이다.

2020년 나는 AI의 세부 기술인 딥러닝에 대한 대중의 과도한 기대와 오해를 바로잡아야겠다는 생각으로 『이것이 인공지능이다』라는 책을 썼다. 그런데 지금은 생성형 AI에 대한 대중의 과도한 기대와 오해를 반복적으로 접하고 있다. 그래서 이 책 『이것이 생성형 AI다』에서는 생성형 AI가 무엇인지, 그리고 이 기술을 어떻게 활용하는 게 좋을지에 대한 이야기를 AI 기술로 먹고사는 입장에서 자연스럽고 담백하게 풀어보려고 한다.

김명락

목차

PART 1 생성형 AI

PART 2 알파고와 챗GPT 사이의 AI 트렌드

PART 3 AI 반도체, 전력 소비 문제

PART 4 대규모 언어 모델의 시작

PART 7 대규모 언어 모델을 어떻게 활용해야 하는가?

PART

1

생성형 AI

챗GPT와 생성형 AI의 부상

　2022년 연말 세상에 나온 챗GPT(ChatGPT)가 대중에게 준 충격은 2016년 3월 우리나라에서 열린 바둑 대결에서 AI 바둑 알파고(AlphaGo)가 이세돌 9단을 꺾었던 사건 이상이었다. 알파고에 관한 이벤트는 바둑에 큰 관심이 없는 사람들에게는 강 건너 불구경 같은 면이 있었다. 자기 일은 아니고 멀리서 신기하게 구경할 만한 일처럼 느껴졌다. 하지만 챗GPT는 무료로 누구나 쉽게 회원 가입을 한 후 직접 이용할 수 있는 서비스이기 때문에 더 이상 자신과 무관한 일이 아니었다. 가히 챗GPT 등장 이전과 이후의 AI 역사가 완전히 달라졌다고 할 수 있다.

챗GPT를 이용하면 놀랍고 신기한 기분도 들지만 대부분은 이런 AI 기술이 앞으로 세상을 얼마나 크게 바꿀지에 대한 기대와 우려가 혼재되는 상황에 놓였을 것이다. 많은 미디어 역시 챗GPT에 관한 내용을 계속 다루었다. 이 과정에서 대중은 챗GPT, GPT, 대규모 언어 모델(Large Language Model, LLM), 생성형 AI, 초거대 AI 등의 용어를 반복적으로 들었고, 많은 사람이 이 표현들이 모두 같은 개념인 것처럼 오해하는 상황이 되고 말았다.

"마이크로소프트(Microsoft)가 투자한 오픈AI(OpenAI)라는 회사가 대규모 언어 모델 중 하나인 GPT를 활용하여 챗GPT라는 이름의 생성형 AI 서비스를 만들었고, 이 생성형 AI 서비스가 초거대 AI이기도 한 것이다."

위 문장을 보면 챗GPT, GPT, 대규모 언어 모델, 생성형 AI, 초거대 AI 모두를 대략 생성형 AI라고 부르는 것이 큰 문제는 아닌 듯할 수도 있다. 하지만 당장 편의를 위해서 이러한 표현과 개념들을 모두 생성형 AI라고 인식하면 제대로 된 이해에서 더 멀어질 수 있다. 그러니 불편하더라도 정확한 의미를 하나씩 차근차근 살펴보자.

생성형 AI란 무엇인가?

생성형 AI(Generative AI)라는 표현은 2022년 연말에 챗GPT가 세상에 나오기 전부터 이미 사용되고 있었다. 대부분의 AI는 반려동물 사진을 보고 강아지인지 고양이인지 맞히거나 몸속 종양 사진을 보고 악성(암)인지 양성인지 구분하는 일을 했다. 이렇게 무언가를 분류하거나 판별하는 AI를 판별형 AI라고 한다. 판별형 AI가 판별을 정확하게 해내면 AI 성능이 뛰어난 것이고, 반대로 판별을 정확하게 해내지 못하면 AI 성능이 뛰어나지 못한 것이다.

이후 생성적 적대 신경망(Generative Adversarial Network, GAN) 기술

이 유행하면서, 무언가를 판별하는 데 주로 쓰이던 AI는 사진, 영상, 글 등을 생성하거나 작곡하는 일 등에 활용되기 시작했다. 이렇게 무언가를 생성해내는 AI를 생성형 AI라고 한다. GAN 기술은 그럴 듯한 가짜를 만드는 일을 하는 생성자와, 생성자가 만든 것이 가짜 인지 진짜인지 판별하는 식별자로 구성된다. 이 기술은 생성자와 식 별자가 끊임없이 경쟁하면서 궁극적으로 가짜인지 진짜인지 구별하 기 힘들 만큼 진짜 같은 가짜를 만들어내는 단계를 추구한다. 그러 나 현재 GAN 기술이 딥페이크에 활용되면서 많은 사회문제를 야 기하고 있고, 이 기술이 딥페이크에 활용되는 것을 법적으로 제한해 야 한다는 목소리가 커지고 있다.

챗GPT라는 이름의 AI 서비스를 생성형 AI라고 부르는 이유는 사용자가 문장이나 문단 형태로 질문하면 AI가 문장이나 문단 형 태의 답을 생성해서 보여주기 때문이다. 챗GPT뿐만 아니라 Bard, Copilot 등 챗GPT와 경쟁하는 AI 서비스들을 모두 생성형 AI라고 부르는 이유도 답변을 생성하기 때문이다.

판별형 AI가 인간에게 주도권이 있고 AI는 수동적으로 인간의 요구와 요청에 대응한다면, 생성형 AI는 AI가 좀 더 주도적으로 결과물을 생성하기 때문에 대중은 생성형 AI가 좀 더 강력하고 효과적으로 일을 한다고 느낀다.

오픈AI가 챗GPT AI 서비스를 만들 때 사람과의 인터페이스를, 예를 들어 VR/AR, 홀로그램, 메타버스 등 훨씬 고차원적인 기술로 구현할 수도 있었지만 MS-DOS나 리눅스 프롬프트와 같은 채팅창 형태로 구현한 것은 매우 천재적인 발상이다. 거의 모든 사람에게 익숙한 채팅창 형태로 챗GPT AI 서비스를 구현한 덕분에 예전부터 존재한 생성형 AI의 효능을 사람들이 더욱더 쉽고 편하게 접했기 때문이다.

음성 인식을 기반으로 구현된 AI 서비스를 이용하는 사람은 자신이 상황을 완전히 통제하지는 못한다는 약간의 무력감을 느낄 수 있다. 반면 채팅창 형태로 구현된 AI 서비스는 사용자가 상황을 스스로 완전하게 통제하고 있다고 느끼게 해준다. 그리고 사용자는 AI 서비스가 생성한 답변을 복사하거나 편집하여 활용할 수도 있어서 편의성도 높다.

즉 챗GPT AI 서비스는 세상에 존재하지 않던 생성형 AI 기술을 새롭게 만든 결과물이 아니라, 예전부터 존재하던 생성형 AI 기술을 대중이 쉽고 편하게 이용할 수 있도록 만든 서비스다.

03

생성형 AI의 본질은
대규모 언어 모델

　사용자가 질문을 하면 AI가 답변하는 형태의 AI 서비스는 예전부터 있었다. 이런 AI 서비스들은 주로 사용자의 음성을 인식한 후 다시 음성의 형태로 답변하는 방식이었다. 이런 음성 인식 AI 서비스들은 주로 기계학습(Machine Learning)이라는 AI 기술을 기반으로 만들어졌다.

　기계학습 기술을 활용하여 AI 서비스를 개발하기 위해서는 방대한 데이터가 필요하다. 먼저 방대한 데이터를 AI 모델이 학습하는 데 활용할 수 있는 AI 학습용 데이터로 만드는 과정을 거친 후에 AI 학습용 데이터로 AI 모델을 학습시키면 최종적으로 AI 서비스를 만들 수 있다. 데이터를 모으는 과정에서 충분한 수준 이상의 데이디를 확보하지 못하거나 AI 학습용 데이터를 만드는 과정이 부실하면 AI가 내놓는 답변의 수준이 만족스럽지 못하게 된다.

사용자의 질문을 받고 이 질문에 대한 답변을 채팅창 형태로 구현하는 AI 챗봇 서비스들은 챗GPT가 출현하기 전에도 이미 존재했다. 챗봇 서비스들은 사용자가 할 수 있는 질문들을 먼저 예상하고 이 질문들에 대한 세부적인 답변을 수많은 경우의 수를 고려하여 시나리오에 따라 만들어놓는 방식으로 개발된다. 따라서 사용자가 예상 질문을 벗어나는 질문을 하면 사용자의 만족도가 크게 떨어지는 답변을 할 가능성이 높다.

챗GPT와 기존 AI 서비스들의 근본적인 차이는 챗GPT의 경우 채팅창에서 사용자의 질문을 받은 후 이 질문에 맞는 답변을 생성할 때 대규모 언어 모델이라는 AI 기술을 활용한다는 것이다. 우리가 통칭해서 생성형 AI라고 부르고 있는 AI 기술 또는 서비스의 본질은 대규모 언어 모델이다.

2017년 구글은 자연어 처리를 위해 트랜스포머(Transformer)라는 AI 모델을 발표했다. 이 트랜스포머 AI 모델이 시조새가 되어 수많은 대규모 언어 모델이 파생되었고, 오픈AI라는 회사는 이렇게 파생된 수많은 대규모 언어 모델 중 하나인 GPT를 활용하여 챗GPT라는 생성형 AI 서비스를 만들어 세상에 공개한 것이다.

대규모 언어 모델에 대해서 본격적으로 알아보기 전에, 2016년 3월 AI 바둑 알파고가 이세돌 9단을 꺾은 이벤트가 AI 산업에 큰 충격을 준 이후 최근까지 어떤 일들이 있었는지 되짚어보자.

PART
2

알파고와
챗GPT 사이의
AI 트렌드

01

알파고 출현으로 시작된 기계학습의 대유행

체스보다 경우의 수가 훨씬 많아서 컴퓨터가 도저히 정복할 수 없을 것이라고 여겨졌던 바둑에서 AI가 이세돌 9단을 꺾은 사건은 많은 사람에게 충격 그 자체였다. AI 바둑 알파고는 원래 구글의 딥마인드(DeepMind)가 바둑뿐 아니라 금융, 에너지 분야 등 분야에서 활용하기 위해 개발한 AI 솔루션이었다. 딥마인드는 바둑이 AI 성능을 검증하고 대중의 관심과 이목을 끌기에 좋다고 판단하고 바둑에 집중하여 알파고를 개발했다.

알파고는 AI 기술의 한 분야인 기계학습 중 딥러닝과 강화학습(Reinforcement Learning) 기술을 기반으로 만들어진 AI 솔루션이다.

알파고가 대성공을 거둔 후에 세상의 거의 모든 문제를 딥러닝 기술을 활용하여 해결할 수 있다는 딥러닝 만능주의가 한때 유행처럼 퍼져 나갔다. 지금은 딥러닝 만능주의에 대한 인식이 많이 흐려졌지만, 딥러닝 기술에 대한 기대와 관심이 AI 산업을 크게 발전시켰다는 사실은 인정해야 한다.

02

기계학습이란 무엇인가?

기계학습이란 기계를 끊임없이 학습시켜서 똑똑하게 만드는 과정을 가리킨다. 딥러닝 기술은 기계학습의 한 분야이므로 딥러닝은 기계학습의 부분집합에 해당한다. AI가 기계학습을 통해 똑똑해지면 무언가를 판별하거나 무언가를 생성하는 일을 할 수 있다.

기계학습과 경쟁하고 있는 AI 기술의 다른 한 분야는 전문가시스템이다. 우리가 언어를 배우는 과정을 예로 들어 설명하겠다. 전문가시스템은 문법 위주로 언어를 가르치는 학원에 등록하여 해당 언어에 능숙한 선생님에게 언어를 배우는 것과 같다. 전문가시스템은 언어 분야에 대한 전문성이 있는 전문가의 지식 체계와 사고방식, 논리를 AI에 심어주는 방식으로 AI를 똑똑하게 만든다. 이런 방식으로 언어를 배우면 매우 빠르게 해당 언어에 대한 기본적인 이해와 능력을 습득할 수 있듯이 전문가시스템으로 AI를 개발하면 처음부터 AI 성능을 기본적인 수준까지 끌어올릴 수 있다는 장점이 있다. 하지만 문제가 있다. 우리가 영어를 어려서부터 어른이 될 때까지 수십 년간 공부해도 쉽사리 능숙해지지 않는 것처럼 전문가시스템으로 AI를 개발하면 시간이 지나도 AI 성능이 높은 수준까지 발전하지 않을 가능성이 크다는 것이다.

반면 기계학습은 어린아이들이 모국어를 배우는 과정과 비슷하다. 어린이들은 문법이나 단어 맞춤법 등은 크게 고려하지 않고 끊임없이 듣고 흉내 내고, 자신이 하고 싶은 대로 발음하고 말하는 과정을 반복한다. 부모가 한 말을 계속 따라 하고, 또래들이 하는 얘기도 따라 하고, 만화영화에서 본 내용도 흉내 낸다. 처음에는 완전히 엉터리로 말하는 것 같지만 이런 시기가 충분히 쌓이면 어느덧 유창하게 모국어를 하게 된다. 이런 식으로 모국어를 익히면 처음에는 언어 능력이 형편없지만 시간이 지날수록 매우 능숙하게 모국어를 구사하게 된다. 기계학습으로 AI를 개발하면 초기 성능은 형편없는 게 정상이다. 하지만 인내심을 갖고 계속해서 기계학습을 통해

AI를 학습시키면 성능이 점점 더 발전하여 AI 바둑 알파고가 이세돌 9단을 꺾었던 것처럼 높은 성능에 도달할 수 있다.

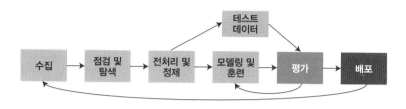

〈그림 1〉 기계학습의 단계

03

클라우드와 AI의 결합

20세기 초부터 시작된 AI 기술은 대중에게 큰 기대감을 줬다가 이내 실망감을 주고 암흑기에 빠졌다가 다시 기대감을 주는 과정을 수십 년간 반복해왔다. AI 기술이 제대로 된 성과를 내기 시작한 첫 번째 계기는 빅데이터 생태계가 본격적으로 만들어진 것이었다. 빅데이터로 AI 모델을 학습시켜야 AI 모델의 성능을 끌어올릴 수 있기 때문에 빅데이터는 AI의 연료라 할 수 있다. AI 기술이 더 큰 성과를 내기 시작한 두 번째 계기는 클라우드 기술이 발전하고 보편화한 것이다.

기계학습을 위해서는 우선 방대한 데이터를 수집해야 한다. 이렇게 수집한 방대한 데이터가 빅데이터에 해당하는데, 과거에는 빅데이터를 자체 서버 안에 데이터베이스(Database) 형태로 구축한 후 데이터베이스에 저장했다. 기계학습을 통해 AI 모델의 성능을 목표했던 수준 이상으로 끌어올리기 위해 필요한 빅데이터의 양을 처음부터 제대로 예측하기는 쉽지 않다.

기계학습에 필요한 빅데이터의 양을 크게 예측해서 서버 용량을 크게 정했는데 실제로 필요한 빅데이터의 양이 예측보다 훨씬 적으면 준비한 서버 용량의 상당 부분이 불필요해지게 된다. 반대로 기계학습을 반복하는 과정에서 AI 모델의 성능을 기대 이상으로 끌어올리기 위해 필요한 빅데이터의 양이 예상보다 훨씬 많은 경우에는 서버 용량을 늘려야 하는데, 현실적으로 서버 용량을 즉각 늘리는 것은 매우 어렵다. 물리적인 서버 공간을 늘린다는 것은 사무실 확장 이전에 해당하는 일을 해야 한다는 뜻이고, 서버를 구매하고 필요한 설정을 하는 일도 추가로 해야 한다는 뜻이기 때문이다. 이 문제를 해결하는 가장 효과적인 방법은 기계학습에 필요한 빅데이터를 클라우드 안에 저장하는 것이다. 클라우드에 빅데이터를 적게 저장하면 적은 클라우드 사용 요금이 청구되고, 반대로 빅데이터를 많이 저장하면 클라우드 비용이 사용량에 비례해서 청구되기 때문에 예산을 효과적으로 사용할 수 있다. 또한 빅데이터 저장을 위해 필요한 공간을 줄이거나 늘리는 작업을 자체 서버를 구축하는 것보다 훨씬 신속하게 처리할 수 있어서 시간을 아낄 수 있다는 것도 장점이다.

클라우드는 기계학습에 필요한 빅데이터를 저장할 때뿐 아니라 기계학습을 위한 컴퓨터 연산을 할 때도 유용하게 사용된다. 기계학습을 할 때 컴퓨터의 두뇌 역할을 하는 CPU(Central Processing Unit)가 사용되는데, 성능이 뛰어난 CPU를 사용할수록 기계학습에 필요한 시간이 단축된다. 기계학습은 한 번으로 끝나는 것이 아니라 반복적으로 계속 이어져야 하므로 고사양 CPU를 쓰느냐, 저사양 CPU를 쓰느냐에 따라서 기계학습으로 AI 모델을 개발하는 시간이 크게 달라진다.

한편 컴퓨터 게임 등에서 컴퓨터의 그래픽 처리 능력을 향상하는 데 사용하기 위해 기존 CPU를 발전시킨 GPU(Graphic Processing Unit)가 출현했다. GPU를 암호화폐 채굴에 활용하면 효과적이라는 사실이 밝혀진 이후 GPU가 암호화폐 채굴에도 널리 사용되고 있다. GPU를 기계학습에 사용하면 기계학습에 필요한 시간을 단축할 수 있다는 사실이 알려지면서 마찬가지로 GPU도 기계학습에 사용되고 있다. GPU에서 더 나아가 기계학습에 특화된 CPU가 시장에 나오기 시작했는데, 이렇게 등장한 CPU가 바로 AI 반도체다. AI 반도체는 크게 기계학습으로 AI 모델을 학습시키는 데 사용되는 것과, 기계학습으로 학습을 마친 AI 모델을 활용하는 과정에서 사용되는 것으로 나뉜다.

어떤 CPU, GPU, AI 반도체를 선택하고 어떤 옵션과 사양을 선택하느냐에 따라서 기계학습에 필요한 시간이 크게 달라진다. 그런데 CPU를 직접 자체 서버 안에 구축하면 기계학습 도중에 옵션이나 사양을 수시로 조정하기가 매우 어렵다. 또한 특정 시점에는 기술적 사양과 옵션이 최고였더라도 시간이 지나면 사양과 옵션이 더 뛰어난 제품이 나오기 마련이다.

상용 클라우드 서비스 기업들은 다양한 CPU, GPU, AI 반도체와 매우 세부적인 옵션과 사양을 갖추고 있다. 따라서 특정 옵션과 사양을 선택해서 기계학습을 해본 후 옵션과 사양의 수준을 수시로 높이거나 낮추면 기계학습에 필요한 시간과 비용을 최적화할 수 있다. 기계학습 과정에서 클라우드를 사용하는 것은 이제 필수적인 일이 되었고, 클라우드 서비스와 산업의 발전은 기계학습 기술 발전에도 큰 도움이 되고 있다.

일부에서는 기계학습에 필요한 빅데이터를 클라우드에 저장하면 자체 서버 안에 저장하는 것보다 보안이 더 취약해진다고 오해한다. 자신들에 관한 빅데이터가 다른 회사의 클라우드에 저장되는 상황이 정서적으로 불편하게 느껴질 수 있다. 하지만 보안 사고의 대부분은 내부 직원, 퇴사자, 협력업체 직원 등 내부인과 관련되어 벌어진다는 것을 간과해서는 안 된다. 또한 자체 서버에 기계학습에 필요한 빅데이터를 저장한다고 해서 보안이 더 강력해지는 것은 아니다.

클라우드 서비스 제공 기업(Cloud Service Provider, CSP)은 높은 수준의 보안 기능을 클라우드에 적용하고, 기술을 계속 갱신하고 있어서 자체 서버보다 클라우드의 보안 수준이 일반적으로 더 높다. 클라우드 서비스 제공 기업은 퍼블릭 클라우드를 기업의 특색에 맞게 프라이빗 클라우드 환경으로 구성하여 제공함으로써 보안을 더욱 강화하고 있다. 또한 클라우드에는 수많은 클라우드 수요 기업의 방대한 데이터가 모여 있기 때문에 해커가 보안을 뚫고 클라우드 안으로 침입한다고 해도 목표로 하는 데이터를 정확하게 찾아내기가 매우 어렵다. 수많은 가정의 집문서를 모두 수거하여 대운동장 위에 펼쳐놓았다고 상상해보자. 대운동장에는 셀 수 없이 많은 가정의 집문서가 혼재해 있어서 이곳에서 제삼자가 특정 가정의 집문서를 정확하게 찾는 것은 현실적으로 매우 어렵다. 반면 한 가정의 집문서가 그 집 안방의 장롱 속에 있다면 도둑이 그 집에 침입하기만 하면 장롱 속 집문서를 훔쳐 가는 것이 상대적으로 용이하다. 물론 도둑이 대운동장에 펼쳐져 있는 모든 집문서를 가져간 후 많은 시간을 들여서 목표로 했던 집문서를 찾아낼 수는 있다. 하지만 이렇게 접근하더라도 집 안 장롱 속에 있는 집문서를 훔치는 것보다 시간이 더 많이 걸린다. 최소한 이런 관점에서 클라우드에 데이터를 저장하는 것이 자체 서버에 데이터를 저장하는 것보다 보안에 더 취약하다고 볼 수는 없다.

실제로 클라우드를 활용하여 기계학습을 해본 실무자들은 클라우드로 기계학습을 하면 보안이 더 강력해진다는 것을 알고 있다. 반면 예산을 결정하는 위치에 있는 의사결정권자들은 자체 서버보다 클라우드가 보안에 더 취약하다고 생각하는 경우가 상대적으로 많다. 이 부분이 한때는 클라우드를 활용하여 기계학습을 하는 과정에서 걸림돌이 되었다. 하지만 시간이 지날수록 의사결정권자들도 클라우드를 활용하여 기계학습을 한다고 해서 보안이 더 취약해지는 않는다는 사실을 알게 되었다. 비용 측면에서도 자체 서버를 활용하여 기계학습을 하는 것보다 클라우드를 활용하는 것이 훨씬 경쟁력이 높다.

과거에는 기업들이 클라우드 플랫폼 안에 데이터를 쌓는 데 주력했다면 이제는 이렇게 쌓은 데이터를 어떻게 활용할 것인지가 관건이 되었다. 클라우드 플랫폼에 저장된 방대한 데이터를 활용하는 단계에서 AI를 활용하면 더 효과적이기 때문에 자연스럽게 클라우드와 AI 기술이 결합되고 있다.

기계학습을 효과적으로 하기 위해서는 현장(단말 장치)에서 발생하는 데이터를 수집하여 중앙에 있는 서버로 보내고, 서버에서 기계학습을 하여 AI 모델의 성능을 끌어올리는 것이 좋다. 이때는 현장에서 중앙 서버에 있는 AI 모델에 요청을 보내고, AI 모델은 요청에 관한 결과를 현장에 보내는 형태로 사전에 학습시킨 AI 모델을 활용한다.

예를 들어 수많은 사람이 스마트 시계를 손목에 찬 상태에서 수시로 달리기하고, 스마트 시계는 사람들이 달린 거리와 속도 등의 데이터를 중앙 서버로 전송하는 상황을 가정해보자. 중앙 서버에서는 이렇게 수집된 데이터로 기계학습을 하여 AI 모델 성능을 계속 발전시킨다. 스마트 시계에서 최적의 달리기 경로와 거리, 속도 등을 중앙 서버에 있는 AI 모델에 요청하면 AI 모델은 요청에 대한 답을 스마트 시계에 보내고, 사용자는 AI 모델의 결과를 참고하면 된다.

이와 같은 방식은 AI 모델의 성능을 끌어올리는 효과성만 놓고 보면 좋은 방법이지만, 필연적으로 개인 정보에 관한 문제를 발생시킨다. 개개인의 민감한 정보를 중앙에서 취합하여 다루는 상황이 되기 때문이다. 이런 문제를 극복하기 위한 대안이 Edge AI다. Edge AI는 현장(단말 장치)에서 수집된 데이터를 중앙 서버로 보내지 않고 현장, 즉 Edge에 있는 AI 모델에서 기계학습을 하는 데 활용한다. AI 모델이 Edge에 위치하기 때문에 현장에서 수집된 정보를 중앙 서버로 보낼 필요가 없다. 또한 AI 모델에 요청하고 요청에 관한 결과를 수신하기 위해 중앙 서버와 통신할 필요 없이 Edge 안에서 AI 모델에 요청하고, 요청에 관한 결과를 수신할 수 있어서 개인 정보에 관한 문제를 원천적으로 막을 수 있다.

그러나 Edge AI에도 단점이 있다. 가장 큰 단점은 AI 모델을 기계학습시킬 수 있을 만큼 강력한 컴퓨팅 능력을 Edge 안에 담아야 한다는 것이다. 이것은 고사양의 CPU, GPU, AI 반도체를 Edge 안에 담아야 한다는 뜻이므로 그만큼 비용 부담이 커지게 된다. 물론 현장과 중앙 서버 간의 데이터 통신 비용이 절감되는 이점은 있다. Edge AI 기술이 발전하면서 Edge AI의 비용 부담이 계속 감소하고 있어서 이 기술이 개인 정보 관련 문제를 해결할 수 있는 대안으로서 그 중요성이 커지고 있다.

Edge AI와 비슷한 개념으로 온디바이스(On-device) AI가 있다. 둘의 공통점은 AI 모델이 클라우드 플랫폼이 아닌 디바이스나 단말기에 위치한다는 것이다. 다른 점은 Edge AI는 여러 디바이스를 아우르는 개념이지만 온디바이스 AI는 단일 기기 내에서 작동하는 AI라는 것이다.[1] 앞에서 제시한 수많은 사람이 손목에 차고 있는 스마트 워치 안에 AI 모델이 위치하여 역할을 하는 사례가 Edge AI라면, 하나의 드론 안에 AI 모델이 위치하여 역할을 하는 경우가 온디바이스 AI에 해당한다. 일반적인 드론은 드론을 조종하는 사람과

---

1   Edge AI와 on-device AI의 의미 차이, 아이코 글로벌센스 블로그, https://blog.naver.com/forecastinglab/223458262150.

실시간으로 통신한다. 따라서 드론을 조종하는 사람의 판단에 따라 드론이 특정한 장소로 이동하거나, 특정한 동작을 한다. 군사 목적으로 사용되는 드론의 경우 멀리 떨어져 있는 사람이 조종할 때 적이 전파를 교란하면 통신이 제대로 이루어지지 않아 문제가 될 수 있다. 드론을 조종하는 사람은 드론에 부착된 카메라를 통해서 영상을 계속 확인하는데, 사람이 실시간으로 영상을 보고 대응을 하는 데는 한계가 있을 수 있다. 드론 안에 AI 모델을 위치시키는 온디바이스 AI 기술을 활용하면 드론이 전파 교란 공격을 당해도 능동적으로 정해진 임무를 수행할 수 있고, 전장의 상황에 맞게 AI가 두뇌 역할을 하여 실시간으로 효과적인 대응을 할 수 있다.

기계학습 기술뿐만 아니라 클라우드 기술, Edge AI, 온디바이스 AI 기술이 발전하면서 기계학습을 산업적으로 활용할 수 있는 폭이 점점 더 넓어지고 있다.

04

기계학습의 한계는
무엇인가?

2016년 3월 AI 바둑 알파고가 이세돌 9단을 연달아 꺾은 후에 대중의 관심은 알파고에 활용된 AI 기술에 쏠렸다. 알파고는 AI 기술의 한 분야인 기계학습 기술 중 딥러닝과 강화학습을 기반으로 만들어진 AI 솔루션이다. 알파고가 성공한 이후 특히 딥러닝으로 많은 문제를 풀 수 있다는 낙관적인 기대가 시장에 팽배했다. 딥러닝으로 성공적인 결과를 만들어낸 AI 성공 사례가 미디어에 계속해서 노출되다 보니 딥러닝 기술만 활용하면 모든 AI 프로젝트가 성공할 수 있다는 기대가 만연했다. 하지만 수많은 아이돌 그룹 연습생이 수년간 열심히 노력하지만, 일부만 아이돌로 데뷔하고 그중에서 극히 일부만 사업적으로 성공하는 것처럼 수많은 딥러닝 프로젝

58

트 중에서 미디어에 크게 소개될 만큼 성공하는 사례는 기대만큼 많지 않았다.

어린이가 모국어를 능숙하게 해낼 때까지 부모와 선생님을 포함한 주위 사람들의 엄청난 애정과 관심, 충분한 시간이 필요한 것처럼 딥러닝, 더 나아가 기계학습으로 똑똑한 AI를 만들기 위해서는 수많은 데이터를 수집하고 데이터를 양질의 AI 학습용 데이터로 만들고, 이렇게 만든 AI 학습용 데이터로 AI 모델을 반복적으로 학습시키는 과정이 필요하다. 이런 일을 하는 데는 만만치 않은 시간, 돈, 인력 투입이 필요하다.

지난 수년간 정부는 예산을 지속적으로 투입하여 양질의 AI 학습용 데이터를 구축하기 위해 노력해왔다. 수십억 원의 예산과 수백 명 이상의 크라우드 워커(Crowd Worker)가 투입되어 1년 가까운 시간 동안 작업해서 특정 분야의 AI 학습용 데이터를 각각 구축하는 일들이 진행되었다. 여기까지 진행된 일은 AI 학습용 데이터를 구축한 것뿐이다. 이 AI 학습 데이터로 AI 모델을 학습시키고, 이렇게 학습된 AI 모델로 AI 서비스를 만드는 것은 별도의 일이다. 기계학습을 활용하여 최종적인 AI 서비스를 개발하는 데는 많은 돈과 인력, 시간이 필요하다.

또한 AI 프로젝트는, 에어컨을 구매해서 설치한 후 전원을 켜면 곧바로 차가운 바람이 나오는 것처럼 미리 만든 AI 솔루션을 적용하면 곧바로 성과가 나오는 형태로 진행되지 않는다. 성공적으로 영화를 제작해본 경험이 많은 제작사와 감독도 새 영화를 만들 때마다 기획, 각본, 캐스팅, 의상 준비를 다시 해야 하는 것처럼 AI 프로젝트도 매번 주어진 문제를 해결하는 방법을 처음부터 다시 마련해야 한다.

많은 시간, 돈, 인력이 필요한 기계학습의 특성과, 영화 제작처럼 매번 새로이 접근해야 하는 AI 프로젝트의 특성이 결합하여, 기계학습으로 문제를 해결하는 데는 예상보다 훨씬 더 많은 자원이 필요한 경우가 대부분이다. 따라서 비용 절감을 위해서, 특히 인력 감축을 위해서 기계학습을 선택하면 기존 방법보다 비용이 오히려 더 증가하고 필요한 인력이 더 많아지는 경우가 흔하다.

결과적으로, 기계학습으로 얻을 수 있는 아웃풋(Output)보다 기계학습을 위해 투입해야 하는 인풋(Input)이 훨씬 더 큰 경우가 많고, 이것이 한때 만능처럼 여겨졌던 기계학습의 한계로 드러나고 있다.

05

기계학습의 대안으로
떠오른 초거대 AI

기계학습은 옷을 직접 만들어 입는 것과 원리가 비슷하다. 즉 직접 누에를 치고 실을 뽑아내서 옷감을 만드는 것과 비슷하다. 이처럼 기계학습으로 AI 모델을 개발한 후 AI 모델을 활용한 AI 서비스를 직접 만드는 데는 매우 오랜 시간과 비용이 필요하다.

기계학습의 이런 낮은 생산성을 극복하기 위해 대두한 기술이 바로 초거대(Hyperscale) AI다. 초거대 AI는 대규모의 컴퓨팅 파워(Computing Power)를 동원하고 대규모 빅데이터를 활용하여 AI 모델을 기계학습시켜 범용적으로 사용할 수 있는 AI 모델을 개발하는 기술이다. 사용자는 자신의 목적과 필요에 맞게 초거대 AI를 사용하고, 사용량에 따리 비용을 지불한다. 초거대 AI는 옷을 대량으로 만드는 공장을 세우는 것과 같다. 대규모의 자원을 투자할 수 있는 기업이 옷 공장을 세운 후에 옷을 생산하고 소비자는 비용을 지불하고 옷을 구매해서 입는 방식이 바로 초거대 AI를 만들고 사용하는 것과 비슷하다.

초거대 AI를 만들기 위해서는 방대한 데이터를 모으고, 이 빅데이터를 AI 모델을 학습시키는 데 필요한 데이터로 만들 수 있어야 한다. 클라우드 기술이 발전하며 보급된 덕분에 방대한 데이터를 모으고 활용하기가 쉬워졌고, 다양한 초거대 AI가 시장에 나오고 있다.

06

초거대 AI란 무엇인가?

AI를 활용해서 무언가를 한다는 것은 결국 어떤 일을 해내는 AI 모델을 만들고, 이 AI 모델을 활용하는 일을 한다는 뜻이다. AI 모델이 하는 일은 무언가를 예측하거나 추천하는 것이므로, 예측이 정확하거나 추천 결과가 만족할 만하면 AI 모델이 일을 잘한 것이고, 반대의 경우에는 AI 모델이 일을 잘하지 못한 것이다.

AI 모델이 처음부터 일을 잘하기는 힘들기 때문에, 일을 더 잘할 수 있도록 AI 모델을 학습시키는 과정이 필요하다. 기계학습에서는 방대한 빅데이터로 양질의 AI 학습용 데이터를 만들고, 이 AI 학습용 데이터로 기계학습을 시키는 방법으로 AI 모델의 성능을 끌어올린다. 이렇게 성능이 높아진 AI 모델을 기반으로 사업자는 AI 서비스를 개발한다. 사용자는 AI 서비스를 통해 AI 모델에 예측이나 추천을 요청하고, 요청에 관한 결과를 받아서 활용한다.

기계학습에서는 누가, 어떤 문제를 해결하려고 하는지를 먼저 파악하고, 이 문제를 해결하기 위해서 AI 모델이 무엇을 어떤 수준의 성능으로 예측하거나 추천할지를 결정한다. 그다음 목표로 정한 성능에 맞게 AI 모델이 예측과 추천을 할 수 있도록 성능을 기계학습으로 끌어올린다. 10개의 회사가 각각 10개의 문제를 가지고 있다면 10×10=총 100개의 AI 모델이 필요하다. 기계학습을 활용할 때는 문제를 해결하고자 하는 주체에 따라서, 그리고 풀어야 하는 문제에 따라서 매번 다른 AI 모델을 새로 만들어야 한다. 이런 접근의 비효율성을 극복하기 위한 대안이 초거대 AI다.

초거대 AI를 개발하는 목적은 범용적으로 활용할 수 있는 AI 모델을 만드는 데 있다. 초거대 AI는 인간이 기대하고 요청할 수 있는 거의 모든 문제를 해결해야 하므로 인간이 접근하고 활용할 수 있는 데이터와 사례를 최대한 많이 모아서 AI 모델을 학습시켜야 한다. 기계학습에서는 AI 모델이 특정 문제를 해결하는 능력을 갖추도록 학습시키는 데 필요한 만큼의 빅데이터가 필요했다. 초거대 AI는 인간이 생각해낼 수 있는 거의 모든 문제를 해결할 수 있어야 한다. 따라서 개발자들은 AI 모델을 학습시키는 데 어느 정도의 빅데이터가 필요하다는 것이 아니라, 활용할 수 있는 빅데이터를 최대한 많이 동원하여 AI 모델이 다룰 수 있는 문제의 범위를 최대한 크게 만들겠다는 방식으로 접근한다.

초거대 AI는 방대한 빅데이터로 AI 모델을 학습시켜야 하므로, 학습을 시키는 역할을 하는 컴퓨터의 사양이 뛰어나지 않으면 학습에 매우 많은 시간이 필요하다. 따라서 고사양 컴퓨터를 대량으로 사용해야 하고, 이런 이유로 초거대 AI에서는 AI 반도체가 중요한 역할을 하게 된다. 초거대 AI를 학습시키는 과정은 한 번으로 끝나지 않는다. 지속적으로 늘어나고 추가되는 데이터로 계속해서 초거대 AI를 학습시켜야 하므로 이 과정에서 매우 많은 전력을 소비하게 된다. AI 반도체의 발열을 최소화하고 전력 사용량을 줄이는 것도 초거대 AI 기업에는 매우 중요한 문제다.

07

초거대 AI의 한계는 무엇인가?

사용자가 자신의 필요에 맞게 범용적인 초거대 AI를 사용하고, 사용한 양에 비례해서 사용료를 지불하는 것은 매우 효율적으로 보일 수 있다. 하지만 개발자 입장에서는 사용자들의 수요를 파악한 후 이 수요를 해결할 수 있는 초거대 AI를 만드는 것이 아니라 인간이 필요로 할 수도 있는 거의 모든 문제를 다룰 수 있는 초거대 AI를 만들어야 하므로 초거대 AI를 위한 투자를 적정한 수준으로 최적화하기가 어렵다.

신발에 비유하면, 사용자가 필요로 하는 기능, 크기, 디자인을 염두에 두고 신발을 만드는 것이 아니라 인간이 신을 수 있고 필요로 할 수 있는 모든 기능, 크기, 디자인의 신발들을 만들어야 하는 것과 같다. 초거대 AI를 만들기 위해서 기업들이 경쟁적으로 막대한 투자를 하고 있으나, 투자 비용을 훗날 어떻게 회수할지에 대해서는 아직 명확한 비전을 제시하고 있는 기업이 없다.

또한 사용자 입장에서도 일반적인 수준의 문제를 해결하려고 할 때에는 초거대 AI가 도움이 되지만, 특수하고 구체적인 수준의 문제 해결이 필요한 경우에는 초거대 AI의 답변이 만족스럽지 않을 가능성이 크다. 초거대 AI는 특정한 타깃 고객과 그 고객의 상황을 염두에 두고 개발한 것이 아니기 때문이다.

08

기계학습과 초거대 AI의 중간에 위치한 대규모 언어 모델

기계학습이 필요한 옷을 개인이 직접 만들어서 입는 것이라면 초거대 AI는 옷 공장을 세워서 옷을 대량으로 생산하는 것에 비유할 수 있다. 기계학습은 규모의 경제가 성립되지 않기 때문에 비효율적인 면이 있고, 반대로 초거대 AI는 막대한 자본이 있어야 만들 수 있는 것이기 때문에 작은 기업이 시도하기가 어렵다. 실제로 현재 초거대 AI를 만들었거나 만들고 있는 회사들은 시장을 선도하고 있는 글로벌기업이나 국내 대기업들뿐이고, 중견기업 이하 규모의 회사에서는 시도하지 못하고 있다.

기계학습과 초거대 AI의 중간에 해당하는 방법은 바로 대규모 언어 모델을 활용하는 것이다. 대규모 언어 모델 자체는 많은 자본을 투자할 수 있는 회사가 많은 데이터, 인력, 자금을 투자하여 만든다. 이렇게 만들어진 대규모 언어 모델을 가지고 와서 주어진 문제에 맞게 최적화하여 사용한다.

기계학습이 마트에서 식재료를 사 와서 직접 요리해서 먹는 경우이고 초거대 AI가 식당을 하나 차리는 것이라면, 대규모 언어 모델은 밀키트를 구매해서 냄비 안에 넣고 끓여서 먹는 경우라고 비유할 수 있다.

기계학습은 백지상태에서 주어진 문제를 풀기 위한 AI 모델을 만드는 셈이기 때문에 모델의 성능을 목표 이상으로 끌어올리는 데 많은 시간과 비용이 필요하다. 반면 대규모 언어 모델 활용은 기본적인 수준까지 개발된 것을 가져와서 주어진 문제에 맞게 최적화하는 것이기 때문에 초벌구이가 된 고기를 가져와서 각자의 취향에 맞게 좀 더 구워서 먹는 것과 같다. 따라서 기계학습보다 대규모 언어 모델을 활용하면 시간과 인력 투입, 예산을 효율적으로 줄일 수 있다.

2016년의 알파고 AI 바둑 이벤트는 기계학습에 대한 대중의 관심과 기대를 크게 불러일으켰다. 당시 알파고의 성공을 접한 일반인들은 구글이 알파고를 만들기 위해서 얼마나 많은 투자를 했는지 알 수 없었고 관심 밖의 일이기도 했기 때문에, 기계학습을 활용하면 누구나 적은 비용으로 알파고와 같은 성공을 거둘 수 있다는 환상을 갖게 되었다.

하지만 쉽게 구할 수 있는 데이터로 AI 학습용 데이터를 만든 후 기계학습으로 AI 모델을 학습시키면 성능이 뛰어난 AI 모델을 만들기 어려운 경우가 많다. 예를 들어 집 안에서 생활하는 노인이 갑자기 무언가에 걸려 넘어지거나 높은 곳에서 떨어지는 상황을 인식해서 가족에게 바로 알리는 AI 서비스를 만든다고 가정해보자. 먼저 노인의 동의를 구해서 거실 천장에 360도 CCTV를 설치하고 노인을 1년 내내 촬영해야 한다. 그리고 노인이 정상적으로 서 있거나 앉아 있을 때의 사진과, 갑자기 넘어졌거나 떨어졌을 때의 사진을 AI 모델이 구분해야 한다. AI 모델이 이런 일을 할 수 있도록 만들기 위해서는 인터넷 검색으로 사람이 서 있거나 앉아 있는 사진들을 구하고, 넘어지거나 떨어진 사진도 구한 후 이것들로 학습시켜야 한다. 인터넷 검색으로 찾은 사진들은 집 안에서 노인이 넘어지거나 떨어질 때의 상황과는 다른 사진들이기 때문에 이것들로 AI

모델을 학습시키면 실제 상황에서 제대로 된 성능이 나오기 어렵다. 이 문제를 극복하기 위해서는 스튜디오 같은 환경에서 노인에게 연기를 시켜서 정상적인 상황을 연출하여 촬영하고, 한편으로는 무언가에 걸려 넘어지거나 침대와 같은 상대적으로 높은 위치에서 낮은 위치로 떨어지는 상황을 연출하여 촬영해야 한다.

적은 돈을 들여서 쉽게 구할 수 있는 데이터로 기계학습을 해도 충분하다고 생각하기 쉽지만, 기계학습으로 AI 모델의 성능을 끌어올리기 위해서는 필요한 데이터를 모으는 과정에서 많은 시간과 인력, 자금을 투자해야 한다. 이렇게 확보한 데이터를 곧바로 AI 학습용 데이터로 활용할 수 있는 것도 아니고, 사람이 직접 레이블링해서 데이터를 분류하는 과정을 거친 후에야 완전한 의미의 AI 학습용 데이터가 된다. 노인이 집 안에서 움직이는 모습을 촬영한 수많은 사진을 사람들이 일일이 확인하고, 정상적인 동작과 가족에게 긴급하게 알려줘야 하는 동작을 구분해야 하는 것이다. 이런 일을 하는 사람들을 크라우드 워커라고 한다. 크라우드 워커는 지침에 따라 시간을 들여서 레이블링 작업을 하고, 작업량에 비례해서 인건비를 받는다. 이런 식으로 크라우드 워커를 활용하여 AI 학습용 데이터를 만드는 데 많은 예산이 소요된다.

민간 부문이 앞의 과정을 거쳐서 AI 학습용 데이터를 만드는 것은 매우 부담되는 일이기 때문에 정부에서 매년 AI 학습용 데이터를 만들어서 공개하는 일에 예산을 사용하고 있다. 정부는 예산을 들여 만든 AI 학습용 데이터를 무상으로 공개하므로, 기업이 매번 AI 학습용 데이터를 직접 만드는 부담을 줄일 수는 있다. 하지만 정부가 무상으로 공개하는 AI 학습용 데이터는 주어진 문제를 풀기 위해 기계학습을 할 때 필요한 AI 학습용 데이터와 완전히 일치하지 않는 경우가 대부분이기 때문에 데이터를 보완해서 사용해야 한다.

AI 학습용 데이터를 확보한 이후에도 기계학습으로 AI 모델을 개발하는 과정이 필요하다. 대규모 언어 모델을 활용하는 것은 AI 학습용 데이터를 만들어서 AI 모델을 개발하는 일까지 끝난 모델을 선택해서 활용한다는 의미이기 때문에 기계학습으로 문제를 푸는 것보다 당연히 시간, 비용, 예산을 절감할 수 있다.

해결해야 하는 문제가 대규모 언어 모델로 풀 수 없을 만큼 매우 특수한 분야라면 상대적인 비효율을 감수하고 기계학습을 사용해야 하지만, 그렇지 않다면 대규모 언어 모델을 사용하는 것이 현재의 AI 개발 트렌드다.

09
초거대 AI와
대규모 언어 모델 비교

초거대 AI를 개발하는 목적은 범용으로 사용하는 것이기 때문에, 일반적으로 개발사는 AI 서비스 수준으로 구현하여 발표한다. 따라서 초거대 AI는 사용자가 바로 운전할 수 있는 자동차와 같다. 반면 대규모 언어 모델은 자동차의 엔진과 같아서 대규모 언어 모델만으로 AI 서비스를 사용자에게 직접 제공할 수 있는 것은 아니다. 즉 대규모 언어 모델을 가지고 서비스를 제공하는 AI 서비스를 만들어야 한다. 오픈AI는 GPT라는 대규모 언어 모델을 활용하여 챗GPT라는 AI 서비스를 만들어 사용자에게 서비스를 제공하고 있다.

초거대 AI 개발사가 사용자에게 제공하는 AI 서비스에 집중한다면 대규모 언어 모델 개발사는 AI 모델의 성능에 집중한다. 초거대 AI는 범용적으로 사용할 수 있다는 장점이 있지만 사용자의 특수한 상황과 문제에 최적화하기는 어렵다. 반대로 대규모 언어 모델은 초거대 AI처럼 사용자가 쉽게 사용하기는 어렵다는 단점이 있지만 사용자의 특수한 상황과 문제에 최적화하기 용이하다. 예를 들어서 매우 특별한 취향과 목적이 있는 어떤 운전자가 자신의 취향과 목적에 딱 맞는 자동차를 원한다고 가정해보자. 이 운전자가 완성된 형태의 자동차를 구매한 후 개조하는 것이 초거대 AI에 해당한다면, 엔진을 가져와서 자신이 원하는 형태와 기능을 지닌 자동차를 만드는 것이 대규모 언어 모델을 활용하는 것에 해당한다.

대규모 언어 모델에는 AlexaTM, BERT, BLOOM, Bloomberg-GPT, Cerebras-GPT, Chinchilla, Claude, Ernie 3.0 Titan, Falcon, Galactica, Gemini, GLaM, Gopher, GPT, LaMDA, LLaMA, Megatron-Turing NLG, Minerva, HyperCLOVA X, OpenAssistant, OP, PaLM, PanGu, Phi, Titan, Qwen-VL, XLNet, YaLM 100B, 삼성 가우스, 엑사원 등이 있다.[2]

HyperCLOVA X처럼 대규모 언어 모델을 활용하여 만든 초거대 AI 서비스의 이름이 대규모 언어 모델과 같은 경우가 있다.

---

2   LLM 뜻/종류/장점/문제점 정리(+대형 언어 모델), 박종현 블로그, https://blog.naver.com/pso164/223574317065.

대규모 언어 모델을 기반으로 초거대 AI 서비스를 만든 사례로는 챗GPT, 챗GPT Plus, MS 365 Copilot, Bard, Med-PaLM-2, Chat-LLaMA, Vicuna-13B, PanGu-Coder, Tongyi, ERNIE Bot, 클로바노트, 클로바스튜디오, 유니버스, 디스커버리, 아틀리에 등이 있다.[3] 초거대 AI 서비스를 개발할 때 활용된 대규모 언어 모델을 파운데이션 모델이라고 부르기도 한다.

2016년 이세돌 9단과의 바둑 대결 이벤트로 대중의 큰 관심을 받았던 알파고는 바둑을 위한 AI 솔루션이 아니고 원래 금융, 에너지 등의 분야에서 범용적으로 쓰이기 위해 만들어진 초거대 AI였다. 최근 시장에 나와 있는 초거대 AI들은 대규모 언어 모델을 기반으로 만들어진 경우가 많지만, 대규모 언어 모델이 아니라 기계학습을 활용하여 만들어진 초거대 AI도 존재한다. 알파고의 경우에는 딥마인드가 기계학습의 세부 분야인 딥러닝과 강화학습을 활용하여 만들었다.

---

3   「초거대 AI 한눈에 보기」, 『FACT BOOK』 2023-5호 통권 제105호, 국회도서관, 40쪽.

PART

3

AI 반도체,
전력 소비 문제

01

초거대 AI, 대규모 언어 모델과 AI 반도체의 관계

초거대 AI는 대규모 언어 모델을 기반으로 만드는 경우와 대규모 언어 모델과 무관하게 만드는 경우로 나뉜다. 대규모 언어 모델과 무관한 초거대 AI는 주로 기계학습을 활용하여 만든다. 대규모 언어 모델도 기계학습의 일부분이기 때문에 전체 기계학습 분야 중 대규모 언어 모델을 제외한 다른 기계학습으로 초거대 AI를 만드는 것을 기계학습을 활용하여 초거대 AI를 만드는 경우라고 볼 수 있다.

대규모 언어 모델을 활용하여 초거대 AI보다 규모가 작은 AI 서비스를 만들어서 활용할 수도 있다. 즉 대규모 언어 모델로 초거대 AI를 만드는 경우와 그보다는 규모가 작은 AI 서비스를 만드는 경우로 나눌 수 있다.

대규모 언어 모델은 매우 큰 자원을 투자할 수 있는 글로벌기업이나 국내 대기업이 책, 논문, 인터넷에서 접근할 수 있는 문서 등 글로 표현된 방대한 데이터로 학습시켜서 만든다. 대규모 언어 모델을 학습시키는 과정은 한 번으로 끝내지 않고 연중 반복적으로 계속해야 한다. 이런 일을 해내기 위해서는 많은 컴퓨터를 동원해야 하는데, 이때 컴퓨터의 성능이 충분히 뛰어나지 않으면 대규모 언어 모델을 학습시키는 데 매우 많은 시간이 필요하다. 시간이 많이 필요하다는 것은 결국 그만큼 더 많은 돈이 필요하다는 뜻이 된다.

그래서 대규모 언어 모델을 효과적이고 주기적으로 학습시키기 위해 초거대 AI 모델 개발사에서는 CPU보다 최적화된 AI 반도체 NPU(Neural Processing Unit)를 사용한다.

NPU는 AI 작업에 특화된 '전문가 도구'다. 자동차에 비유하면 CPU는 다용도로 활용할 수 있는 승용차, NPU는 대량 운송에 특화된 화물 트럭과 같다. CPU는 다양한 작업을 처리할 수 있는 범용성 덕분에 소규모의 복잡한 연산이나 여러 종류의 작업을 동시에 수행하는 데 적합한 반면, AI 연산처럼 계산 자체는 비교적 단순하나 계산량이 매우 많고 반복적인 작업에서는 상대적으로 비효율적이다. NPU는 AI 작업을 빠르고 효율적으로 처리하도록 설계되었으며, 대규모 병렬 연산에 최적화되어 높은 성능을 발휘한다.

AI 반도체는 AI 모델을 학습시키는 과정에서 사용하는 것과 학습된 AI 모델을 활용하는 과정에서 사용하는 것으로 나뉜다. AI 모델을 학습시킬 때 쓰이는 AI 반도체를 사용하면 AI 모델 학습을 좀 더 빠른 시간 안에 할 수 있다. 이미 학습이 된 AI 모델을 활용하는 과정에서 CPU를 사용하면 시간이 많이 소요될 수 있다. AI 모델을 활용하는 과정에서 AI 반도체를 사용하면 이 시간을 단축할 수 있다.

대규모 언어 모델을 주기적으로 학습시키고 만들기 위해서는 AI 모델을 학습시킬 때 사용되는 AI 반도체가 필요하다. GPT라는 대규모 언어 모델을 사용하여 챗GPT라는 초거대 AI에 해당하는 AI 서비스를 만든 사례를 생각해보자. 챗GPT AI 서비스를 만들기 위해서는 챗GPT의 목적에 맞게 GPT라는 대규모 언어 모델을 끊임없이 학습시켜서 성능을 끌어올려야 하고, 이 과정에서 오픈AI는 AI 반도체를 사용했다.

사용지가 챗GPT에게 질문하면 적절한 답변을 받을 수 있는데, 이것은 미리 학습시킨 챗GPT AI 서비스 안의 대규모 언어 모델이 사용자의 질문을 처리하여 적절한 답변을 내놓기 때문에 가능한 일이다. 이렇게 미리 학습된 대규모 언어 모델을 활용하는 과정에서 사용자의 기대보다 훨씬 많은 시간이 소요된다면 사용자는 인내심을 잃고 서비스를 떠나게 된다. 따라서 미리 학습된 대규모 언어 모델을 활용하는 과정에서도 AI 반도체를 사용하여 반응 속도를 조금이라도 끌어올려야 한다.

대규모 언어 모델을 사용하지 않는 기계학습으로 초거대 AI를 만들 때도 기계학습에 소요되는 시간을 단축하기 위해 AI 반도체를 사용한다. 기계학습으로 미리 학습된 AI 모델을 활용할 때의 속도를 끌어올리기 위해서도 AI 반도체를 사용한다.

결과적으로, 대규모 언어 모델을 학습시키고, 학습된 대규모 언어 모델을 활용할 때 AI 반도체가 필요하고, 대규모 언어 모델을 기반으로 초거대 AI를 만들 때뿐만 아니라 대규모 언어 모델 없이 기계학습으로 초거대 AI를 만들 때도 AI 반도체가 필수적으로 필요하다.

초거대 AI, 대규모 언어 모델의 전력 소비 문제

초거대 AI 모델에서 파라미터는 모델의 학습 능력과 표현력을 결정하는 핵심 요소이다. 파라미터 수가 증가하면 모델이 더 많은 정보를 학습할 수 있지만, 이와 동시에 학습 및 추론 과정에서 수행해야 하는 연산의 양도 기하급수적으로 증가한다. 예를 들어 GPT-2의 파라미터가 15억 개인 데 비해 GPT-4와 같은 모델의 파라미터는 1조 개 이상이므로, 매 추론에서 수행해야 하는 곱셈 및 덧셈 연산의 수도 비례하여 증가한다.

또한 초거대 AI 모델에서는 단순히 연산만 중요한 것이 아니라, 연산에 필요한 데이터를 메모리에서 처리 장치로 이동시키는 데 많은 전력이 필요하다. 최신 GPU나 NPU 등의 메모리 대역폭은 매우 높은 편이지만, 초거대 AI 모델에서는 데이터 이동량이 워낙 방대해 메모리 인풋과 아웃풋에 소모되는 에너지가 전체 소비 전력의 주요 부분을 차지하게 된다. 예를 들어 1조 개의 파라미터를 처리하려면 매 연산마다 대규모 데이터 전송이 필요하며, 이는 연산 자체보다 더 큰 전력 소모를 유발할 수 있다. 최근 주목받고 있는 HBM(High Bandwidth Memory)은 메모리 칩을 GPU나 NPU와 물리적으로 가까운 위치에 배치하여 데이터 이동 거리를 줄이고 높은 대역폭을 제공하는데, 연산 성능뿐만 아니라 전력 효율성 측면에서도 초거대 AI 모델 구현에 중요한 기술로 주목받고 있다.

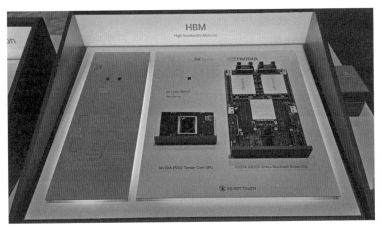

〈그림 2〉 SK하이닉스의 HBM3E와 엔비디아의 H200, GB200 ⓒ SK하이닉스

마지막으로, 초거대 AI 모델이 전력을 많이 소모하는 주요 이유 중 하나는 과거에 비해 냉각 시스템의 중요성이 한층 커졌기 때문이다. 연산이 GPU나 NPU 클러스터가 있는 고성능 데이터 센터에서 주로 이루어지는데, 이러한 하드웨어는 높은 연산 밀도 때문에 자체적으로 막대한 열을 발생시킨다. 열을 효과적으로 냉각하지 않으면 하드웨어가 과열되어 성능이 저하되거나 손상될 수 있기 때문에 냉각 시스템(공조, 액체 냉각 등)이 작동하면서 상당한 전력을 소모한다. 일반적으로 데이터 센터에서는 IT 장비가 사용하는 전력의 30~50%에 해당하는 추가 전력을 냉각 시스템이 사용한다고 알려져 있다.

대규모 언어 모델과 초거대 AI를 위해서 AI 모델을 학습시키고, 미리 학습되어 만들어진 AI 모델을 활용하는 과정에서는 AI 반도체를 필수적으로 사용해야 한다. AI 반도체는 AI 서비스를 만들어서 활용하는 데 필요한 대규모 연산을 빠른 속도로, 동시에 저전력으로 해내는 데 특화된 반도체다. 대규모 언어 모델, 초거대 AI를 만들고 활용하기 위해 필요한 연산의 규모는 무척 방대하고, 사용자들의 기대는 점점 더 커지고 있다. 이에 부응하기 위해 대규모 언어 모델과 초거대 AI를 학습시키는 데 필요한 데이터와 연산의 크기가 계속해서 커지고 있다. 또한 대규모 언어 모델과 초거대 AI를 학습시키는 일은 한 번에 끝내는 것이 아니라 주기적으로 반복해서 해야 한다.

따라서 AI 반도체가 저전력에 특화되어 있다고 해도 대규모 언어 모델, 초거대 AI를 만들고 활용하는데 매우 많은 전력이 소비될 수밖에 없다. AI의 전기 사용량이 2027년에는 한 국가의 연간 전력 소비량과 맞먹을 수 있다는 기사도 있다.[4]

---

4   "AI 전기 사용량, 2027년에 한 국가 연간 소비량과 맞먹을 것", AI Times, 2024년 10월 3일 기사, https://www.aitimes.com/news/articleView.html?idxno=154369.

03

초거대 AI,
대규모 언어 모델의 자본주의

산업혁명의 원동력 중 하나는 흑사병으로 유럽 인구가 크게 감소하여 인건비가 상대적으로 높아진 현상이었다. 산업혁명 이후에는 인간이 하던 일들 중에서 물리적인 힘이 많이 필요한 일들을 기계가 대체했다. 정보화 혁명 이후에는 주어진 절차나 미리 정해진 논리적인 흐름에 따라서 할 수 있는 일들은 컴퓨터가 대체했다. 인간의 지적 활동이 필요한 일들, 인간이 판단하고 결정하거나 새로운 것을 만들어내야 하는 일들은 기계와 컴퓨터가 대체하지 못했지만 최근 4차 산업혁명을 통해서 AI가 대신 하는 현상이 벌어지고 있다.

많은 사람이 인간이 하고 있던 일들을 AI에 맡기려는 움직임이 벌어지고 있는 이유를 인건비 절감 때문이라고 생각한다. 그러나 AI를 도입하는 과정에서 적지 않은 사람들이 필요하고, AI를 운영하는 과정에서도 마찬가지이기 때문에 AI를 도입하고 나서 인건비가 줄어들기보다는 오히려 더 증가하는 경우가 많다. 3차 산업혁명에서 기계를 적극적으로 도입한 이유가 인건비 절감을 위해서였다면, 4차 산업혁명에서 AI를 도입하는 이유는 인건비를 절감하기보다는 일의 속도와 정확도, 효율을 높이기 위해서다.

도서관에 방문한 사람이 책을 찾는 상황을 상상해보자. 물론 이 사람이 찾고자 하는 책의 제목을 정확하게 알고 있다면 기존 전산 시스템으로 충분히 빨리 찾을 수 있다. 하지만 이 사람이 찾고자 하는 책이 뚜렷이 정해져 있는 것이 아니고, 자신의 취향에 맞는 어떤 주제의 내용을 어떤 식으로 다룬 책을 읽고 싶다는 정도로 생각하고 있다고 가정해보자. 도서관 사서는 이 도서관 방문객과 대화한 후 방문객이 가장 만족할 만한 책을 추천해줄 수 있을 것이다. 사람이 이런 일을 하는 경우 방문객이 원하는 책을 추천해서 찾아주는 데 다소의 시간이 걸릴 수 있고, 사서의 역량에 따라서 방문객에게 만족스러운 책을 추천해주는 정도가 크게 달라질 것이다. 그리고 시간이 지남에 따라 사서가 방문객에게 책을 추천해주는 서비스가 점점 더 발전할 가능성이 높지 않다.

만약 사서 대신 AI를 활용하면 방문객은 보다 빠르게 자신의 취향과 의도에 맞는 책을 찾을 수 있다. 수많은 도서관 방문객의 사례가 계속해서 쌓이고, 이들이 추천받은 책에 만족한 경우와 그렇지 않은 경우도 구분되어 축적된다. 이렇게 축적된 데이터를 통해 AI가 주기적으로 학습하므로 시간이 지남에 따라서 방문객에게 더 만족스러운 추천을 할 수 있게 된다. 사서가 이 일을 하는 경우에는 해당 사서가 도서관을 떠나면 책 추천에 관한 노하우가 이어지지 않고 소멸되지만 AI가 이 역할을 하는 경우에는 계속해서 노하우가 축적되어 발전할 수 있다. 분명한 것은 AI가 이 일을 할 때 사서가 이 일을 할 때보다 인건비가 줄어들지는 않는다는 것이다. 사람 대신 AI가 일하기 때문에 인건비가 줄어드는 것처럼 보이지만, 위와 같은 목적에 맞게 AI를 개발하고, 이렇게 개발한 AI를 운영하는 데도 사람이 필요하기 때문이다. 그리고 직원 한 명이 일하는 것보다 AI를 도입하여 운영하는 데 필요한 비용이 항상 더 적은 것은 아니기 때문에, AI를 도입하는 것이 비용을 절감하는 길이라고 보기도 어렵다.

자본주의 시장 경쟁 체제에서 효율이 높은 기업이 효율이 낮은 기업과의 경쟁에서 이겨서 생존하는 것은 당연한 일이다. 산업혁명 이후에 기계장치를 활용하여 효율을 높인 기업이 그렇지 못한 기업과의 경쟁에서 이겨왔고, 정보화 혁명에서도 컴퓨터를 활용하여 효율을 더 높인 기업이 그러지 못한 기업보다 더 유리한 위치에서 경쟁할 수 있었다. 그러나 산업혁명과 정보화 혁명을 거치며 기업들이 끊임없이 더 높은 수준의 효율을 추구하면서 환경 파괴와 같은 사회적 비용이 간과되는 부작용이 나타났다. 최근에는 사회와 정부가 ESG(Environmental, Social, Governance) 경영을 기업에 기대하고 요구하면서 기업들이 사회적 비용을 고려하면서 비재무 성과에 대한 공시로 인한 위험 분석 및 기회 창출을 통해서도 효율을 추구하도록 유도하고 있다.

4차 산업혁명에서 많은 기업과 단체, 개인이 AI를 활용하면서 일의 속도와 정확도 그리고 효율성을 높이기 위해 애쓰고 있다. 자본주의 관점에서 기업이나 단체, 개인이 효율을 높이기 위해 AI를 활용하는 것은 당연해 보이는데, 이렇게 AI를 활용하는 과정에서 사회적 비용이 커지고 있는 상황을 놓쳐서는 안 된다.

AI 때문에 발생하는 사회적 비용은 엄청난 규모의 전력 소비와 방대한 데이터의 수집 및 활용에 따른 문제로 나눌 수 있다. 대규모 언어 모델로 AI 서비스를 만들고, 초거대 AI를 만들기 위해 AI 모델을 학습시키고, 학습이 끝난 AI 모델을 활용하는 과정에서 엄청나게 많은 전력이 소비된다. 기업들이 전력 소비를 조금이라도 낮추기 위해서 AI 반도체를 사용하고 있지만 대규모 언어 모델과 초거대 AI에 대한 사용자들의 기대치가 점점 더 높아지고 있다. 게다가 학습 대상으로 삼아야 하는 데이터의 규모도 계속해서 커지므로 AI가 소비하는 전력은 계속해서 증가할 수밖에 없다. 전력을 생산하는 과정에서 친환경 에너지를 사용한다고 해도 정도의 차이가 있을 뿐 에너지를 만들어 이동시키고 저장하여 사용하는 과정에서 환경이 파괴되는 일은 피할 수 없다. AI 때문에 엄청난 규모의 전력이 필요한 상황은 결국 환경 파괴로 이어질 수밖에 없는 것이다.

여기서 잠시 블록체인에 관해 언급하겠다. 꽤 많은 사람이 블록체인 생태계가 중앙집권적인 기존 시스템보다 장점이 많다는 주장을 제기하곤 한다. 블록체인 안의 각각의 블록이 유효한지 수시로 검증하기 위해서는 컴퓨터가 엄청난 양의 계산을 해야 한다. 이 계산을 전 세계에 있는 수많은 사람이 나눠서 하고 있고, 계산에 참여한 대가로 지급되는 것이 바로 암호화폐다. 즉 블록체인을 유지하기 위해서는 컴퓨터가 엄청난 양의 계산을 계속해야 한다는 사실을 간과하는 경우가 많다. 수많은 계산을 컴퓨터가 연속해서 해야 한다는 것은 결국 쓰지 않아도 되는 전기를 훨씬 더 많이 사용해야 한다는 뜻이다. 블록체인 생태계 때문에 추가로 발생하는 전기 사용량을 제외하고 블록체인 생태계의 장점만을 주장하면 곤란하다. AI도 마찬가지다. AI 때문에 추가로 발생하는 전기 사용량을 빼놓고 AI의 장점만을 얘기해서는 안 된다.

에너지의 경우 다양한 관점에 따라서 어떤 것이 친환경 에너지이고, 어떤 것은 친환경 에너지가 아닌지 분류하는 기준이 달라진다. 인류가 산업 활동을 하면서 많은 이산화탄소를 배출하여 최근 지구 평균온도가 상승하고 있다고 믿는 사람들은 이산화탄소 배출이 없거나 적으면 친환경 에너지이고, 그렇지 않으면 친환경 에너지가 아니라고 판단한다. 이 기준에 따르면 이산화탄소 배출이 매우 적은 원자력 에너지는 친환경 에너지에 포함될 수 있다. 이산화탄소가 아닌 다른 유해 물질의 배출 여부와 그 양에 따라서 친환경 에너지와 친환경이 아닌 에너지를 구분하기도 한다. 원자력발전소에서 나오는 고준위·저준위 핵폐기물에 주목하는 사람들은 원자력

에너지는 친환경이 아니라고 주장할 수도 있는 것이다.

　이산화탄소에만 주목하면 전기자동차 사용은 분명 친환경 에너지 사용에 해당한다. 하지만 폐차해야 하는 전기자동차 안의 배터리를 어떻게 처리할지를 생각해보면 전기자동차를 친환경과 연관 짓기가 상당히 불편해진다. 에너지 효율 관점에서 내연기관 자동차와 전기자동차를 비교해보자. 내연기관 자동차가 휘발유를 연소하여 직접 에너지를 생성해서 주행하는 것과, 복합 화력발전소 등에서 에너지를 만든 후 전기로 변환하고, 이렇게 만든 전기를 송배전을 거쳐 전기자동차 충전소까지 전달하고, 다시 전기자동차에 저장한 후 사용하면서 주행하는 것을 비교해보면 같은 거리를 주행하는 데 필요한 에너지는 전기자동차가 내연기관 자동차보다 더 클 수밖에 없다. 복합 화력발전소에서 화석연료가 연소하면서 만들어진 터빈의 운동에너지를 전기에너지로 변환하는 과정과 송배전, 그리고 전기자동차 충전소와 전기자동차를 거치는 과정에서 상당한 에너지가 새어 나가기 때문이다.

　삼림을 파헤치고 설치한 풍력발전소도 이산화탄소만 보면 친환경이지만, 삼림 자원을 중심으로 보면 오히려 환경을 파괴하는 에너지에 해당한다. 이런 문제를 피하기 위해서 해상에 풍력발전소를 설치하고 있지만, 원래 바다 위에 흘러가야 하는 바람의 방향과 세기가 해상 풍력발전소 때문에 바뀌는 현상이 장기적으로 기후에 어떤 영향을 미칠지 알 수 없다. 태양광 에너지도 삼림을 파헤치고 태양광발전 설비를 설치해야 하는 점이 문제로 대두하고 있다. 수명이 다한 태양광 패널을 처리하는 과정의 문제도 있기 때문에 마냥 친환경이라고 하기에는 곤란한 부분이 있다.

어떤 기준과 논리에 따라 친환경 에너지로 분류했다고 해서, 그 에너지를 마구 만들어 사용해서는 안 된다. 에너지를 만들어서 사용하는 과정 자체가 결국은 엔트로피를 증가시키는 일이므로 정도의 차이가 있을 뿐 결국은 환경을 파괴하는 일이 될 수밖에 없기 때문이다.

지구 환경을 지키는 가장 근본적인 접근은 에너지를 아껴 쓰고 소비를 줄여서 지구 자원의 낭비를 막는 것이다. 경제 효율 관점에서 자본주의가 공산주의나 사회주의보다 월등하게 뛰어나다는 것은 이제 너무나 명백한 사실이다. 그러나 자본주의는 대량생산과 대량소비를 끊임없이 부추긴다. 이 현상이 계속 이어져야 자본주의 사회는 불황에 빠지지 않고 호황이 계속될 수 있다. 이런 자본주의의 약점을 보완하지 않고 방치하면 에너지를 점점 더 많이 만들어 쓰고, 물건을 만들어 쓰고 버리는 주기가 점점 더 빨라질 수밖에 없다. 친환경 에너지는 마구 써도 된다는 자기 위안에 빠져 있을 때가 아닌 것이다.

AI가 발전함에 따라 AI 때문에 추가로 발생하는 전기 사용량이 계속해서 폭증하고 있다. 친환경 에너지를 이용해서 AI에 필요한 전기를 충당하면 되는 것 아니냐고 쉽게 생각하는 경우가 많다. 진정으로 지구 환경을 걱정한다면 AI 때문에 발생하는 전력 소비를 커다란 사회적 비용으로 보고 접근해야 한다.

AI 때문에 많아지는 전력 소비를 사회적 비용으로 보고 제한하지 않고, AI를 자본주의 시장 경쟁 체제 안에 방임하면 전력은 폭발적으로 소비될 수밖에 없다. 무더운 한여름 때마다 전력 소비량이 역대 최고치를 경신했다는 뉴스를 접하곤 하는데, 앞으로는 AI에 대한 수요가 폭증할 때마다 전력 소비량이 역대 최고치를 경신하는 모습을 보게 될 것이다.

AI 모델을 학습시키기 위해서는 방대한 데이터를 수집하여 가공해야 하는데, 이 과정에서 필연적으로 개인 정보에 관한 문제가 발생한다. 또한 이런 과정을 통해서 학습된 AI 모델이 인간의 기존 편견을 강화하여 인종차별, 사회적 약자에 대한 차별이나 혐오를 조장하거나 강화하는 데 악용될 수 있다. AI와 관련한 윤리적 이슈에 대해서는 이미 많은 우려와 논의가 진행되고 있다. 이 부분들은 옳고 그름으로만 볼 것이 아니라, AI를 개발하고 활용하는 과정에서 발생하는 사회적 비용으로 볼 필요가 있다. AI를 개발하고 활용하는 주체가 사회적 비용을 부담하고, 궁극적으로 이와 같은 사회적 비용을 최소화하는 방향으로 스스로 노력하도록 유도해야 한다.

PART

4

대규모
언어 모델의 시작

01

대규모 언어 모델의 시조새 구글 트랜스포머 모델

외국어를 공부하고 이해하려고 할 때 우리는 외국어 단어를 잘 알아들으려고 노력하고, 알아들은 단어들을 외국어 문법에 따라서 이해하려고 한다. 외국어 단어를 잘 알아들으려면 철자와 발음까지 이해하고 능숙하게 들을 수 있어야 한다. 그리고 외국어 문법은 모국어 문법과는 달리 익숙하지 않고 많은 부분이 다르기 때문에 오랜 연습과 훈련이 필요하다. 컴퓨터 입장에서는 인간들의 모든 언어는 외국어에 해당한다. 그동안은 인간이 사용하는 언어를 컴퓨터가 이해하여 해석하고 번역이나 통역 등의 일을 해내도록 하기 위해서 언어 문법을 포함한 언어학적 규칙을 기반으로 접근했다. 하지만 이런 접근은 경우의 수가 너무 많고 다루기가 복잡하기 때문에 개발사는 통계직 자연어 처리(Natural Language Processing, NLP) 기법을 사용하기 시작했다.

인공지능의 한 분야인 기계학습이 발전하면서 기계학습을 자연어 처리에 활용하기 시작했고, 기계학습의 한 분야인 딥러닝이 큰 성과를 내기 시작하면서 최근에는 딥러닝을 자연어 처리에 활용하고 있다.

통계, 기계학습, 딥러닝을 기반으로 자연어 처리를 하면 언어에 대한 방대한 데이터를 통해 자연어 처리 모델을 학습시켜서 언어를 능숙하게 이해하고 번역, 통역, 작문 등을 하도록 할 수 있다. 아이들이 모국어를 익힐 때 단어 철자나 문법보다는 많이 듣고 많이 따라 하는 것에 훨씬 많은 비중을 두고 연습하면서 점점 더 모국어에 익숙해지는 것을 흔히 볼 수 있다. 통계, 기계학습, 딥러닝을 기반으로 자연어 처리를 하는 과정은 아이들이 모국어를 익히는 과정과 같다. 아이들이 시행착오를 겪으면서 모국어에 능숙해지는 것처럼 통계, 기계학습, 딥러닝을 기반으로 자연어 처리를 하면 컴퓨터가 언어 규칙에 기반을 두고 인간의 언어를 처리하는 것보다 훨씬 효과적이다.

자연어 처리 기술은 인코더와 디코더 구조로 구성된다. 인코더는 입력 시퀀스를 하나의 벡터 표현으로 압축하는 일을 하고 디코더는 벡터 표현을 통해서 출력 시퀀스를 만들어내는 일을 한다. 한국어 표현을 인코더에 입력하면 디코더는 영어 등 다른 언어로 의미가 유사한 표현을 출력하는 것이다.

한국어로 "아침 드셨습니까?"라는 문장을 통계, 기계학습, 딥러닝을 기반으로 한 자연어 처리에서는 "Good Morning"이라고 해석할 수 있다. 아침을 먹었는지 물어보는 말과 좋은 아침이라는 인사는 직접적으로는 관련이 없어 보이고, 한쪽을 번역해서 다른 쪽이 결과로 나오는 것이 이해되지 않을 수도 있다. 하지만 자연어 처리 모델이 학습의 대상으로 삼은 수많은 문서와 데이터에서 한국어로 "아침 드셨습니까?"라고 표현된 부분이 영어로는 "Good Morning"이라고 표현된 사례가 많기 때문에 통계, 기계학습, 딥러닝 기반의 자연어 처리에서는 직역으로는 도저히 연결되지 않는 두 표현을 같은 표현으로 인식할 수 있다.

딥러닝으로 자연어 처리를 할 때 시계열 예측에 주로 사용된 것은 딥러닝의 한 분야로 1982년에 발표된 RNN(Recurrent Neural

Network)과 1997년에 발표된 LSTM(Long-Short Term Memory)이다. RNN과 LSTM은 문장 내의 단어를 하나씩 순차적으로 처리하기 때문에 속도가 매우 느리고, 문장에서 중요한 의미를 가진 단어와 그렇지 못한 단어를 구분하지 못하는 약점이 있다.[5] 2017년 구글은 RNN과 LSTM의 약점을 극복하기 위해 어텐션(Attention)이라는 기술을 사용하는 자연어 처리 모델인 트랜스포머 모델(Transformer Model)을 만들고 「Attention is all you need」라는 논문을 통해 세상에 공개했다.

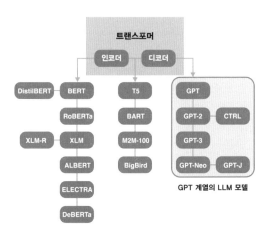

〈그림 3〉 트랜스포머 모델[6]

5   장동인(2023), 『챗GPT시대 기업이 살아남는 법』, 86쪽, 리코멘드.
6   다양한 트랜스포머 모델들, 별똥별 shooing star, https://brunch.co.kr/@26dbf-56c3e594db/123.

트랜스포머 모델은 문장을 각 단어로 분리해 벡터로 바꾸고(워드 임베딩), 각 단어의 순서를 벡터로 바꾼 다음(포지셔널 인코딩), 각 단어 간의 중요도를 어텐션 메커니즘으로 계산한다. 방대한 분량의 문장이 모두 벡터화되어 병렬로 한꺼번에 처리할 수 있다. GPU나 AI 반도체는 이러한 벡터 계산에 특화되어 있기 때문에 자연어 처리를 탁월하게 해낼 수 있었고, 대규모 언어 모델이 발전할 수 있었다.[7]

통계적 자연어 처리가 컴퓨터가 인간의 언어를 처리하고 이해하기 위한 기술이라면 대규모 언어 모델은 대규모 데이터 세트로 학습한 대용량의 언어 모델이다. 대규모 언어 모델은 언어 처리 및 이해뿐만 아니라 그림·영상 제작, 작곡과 같이 언어와 무관해 보이는 분야에서도 활용할 수 있다.

---

7   장동인(2023), 『챗GPT 시대 기업이 살아남는 법』, 87쪽, 리코멘드.

02

트랜스포머 모델의
자손 GPT, BERT

구글의 트랜스포머 모델은 언어에 관한 방대한 데이터로 학습시키면 강력한 언어 처리 능력을 갖추게 되므로 딥러닝을 활용한 자연어 처리 분야의 절대 강자로 급부상했다. 트랜스포머 모델도 자연어 처리 기술 중 하나이기 때문에 인코더와 디코더 구조로 이루어져 있다. 여러 개발사가 인코더에 해당하는 부분을 발전시켜서 BERT 계열의 많은 대규모 언어 모델을 파생시켰고, 디코더에 해당하는 부분을 발전시켜서 GPT 계열의 많은 대규모 언어 모델을 파생시켰다.

GPT(Generative Pre-trained Transformer)는 텍스트를 생성하는 능력

이 강력하고 문장, 이야기, 소프트웨어 소스 코드까지도 스스로 작성할 수 있다. 대화나 문서에서 주어진 맥락을 이해하고 그에 따라 적합한 답변을 생성할 수 있다. 따라서 글쓰기, 번역, 요약 등 다양한 언어 작업에 활용할 수 있다.

BERT(Bidirectional Encoder Representations from Transformers)는 단어의 양방향 문맥을 이해하는 데 탁월하여 정확한 언어 이해를 가능하게 한다. 특히 검색엔진 최적화와 텍스트 분류에서 강력한 성능을 발휘한다. 따라서 질문에 대한 정답을 찾아내는 질의 응답 시스템에 주로 사용된다.

구글의 트랜스포머 모델이 대규모 언어 모델의 시조새라면, 트랜스포머 모델에서 파생된 BERT 계열과 GPT 계열의 모델들도 모두 대규모 언어 모델에 해당한다.

03

대규모 언어 모델이란 무엇인가?

　대규모 언어 모델에 대한 정의는 다양하다. 대규모 언어 모델을 학습시키는 데 활용되는 AI 반도체를 만드는 엔비디아(NVIDIA)의 정의에 따르면 대규모 언어 모델은 대규모 데이터 세트를 사용해서 콘텐츠를 인지, 요약, 번역, 예측, 생성할 수 있는 딥러닝 알고리즘이다.[8]

　대규모 언어 모델은 SLM(Small Language Model), NML(Neural Language Model), PLM(Pretrained Language Model)의 단계를 거치면

8　대규모 언어 모델이 사용되는 이유는?, NVIDIA 블로그, https://blogs.nvidia.co.kr/blog/what-are-large-language-models-used-for.

서 발달했다고 볼 수 있다.[9] 언어 모델에 사용된 데이터의 양과 언어 모델로 해결하려는 문제의 범위가 점점 커짐에 따라 SLM → NML → PLM으로 발전했고, 데이터 세트 규모가 커진 PLM을 대형 PLM이라고 칭하다가 대규모 언어 모델이라고 표현하게 되었다고 할 수 있다.[10]

대규모 데이터 세트의 대상은 책이나 논문 안의 지식뿐만 아니라 인터넷의 기사, 위키피디아 내용 등으로 무척 방대하다. 사람이 데이터를 분류하는 작업을 레이블링이라고 하는데, 대규모 언어 모델은 레이블링되지 않은 상태의 데이터를 자기 지도 학습(Self-supervised Learning)[11]이나 준지도 학습(Semi-supervised Learning)을 사용하여 학습의 대상으로 삼는다. 이 말은 곧 데이터베이스에 쌓여 있거나 인터넷에서 가져올 수 있는 글 형태의 방대한 지식을 사람이 일일이 분류하고 정리하는 과정을 거치지 않고 통째로 대규모 언어

---

9   IT트렌드 알아보기-LLM이란 무엇인가?, 일잘러 김프로의 업무노하우, https://mundol-story.tistory.com/entry/IT트렌드-알아보기-LLMLarge-Model이란-무엇인가.

10   IT트렌드 알아보기-LLM이란 무엇인가?, 일잘러 김프로의 업무노하우, https://mundol-story.tistory.com/entry/IT트렌드-알아보기-LLMLarge-Model이란-무엇인가.

11   자기 지도 학습, 위키백과, https://ko.wikipedia.org/wiki/자기_지도_학습.

모델을 학습시키는 데 활용할 수 있다는 뜻이다.

대규모 언어 모델은 한국어, 영어, 중국어, 일본어, 프랑스어, 스페인어 등을 가리지 않고 글 형태로 존재하는 모든 데이터를 블랙홀처럼 빨아들여서 학습의 대상으로 삼는다. 영어 단어나 문법을 따로 공부하지는 않았지만 영어 대사로 된 영화에 흥미를 갖고 수많은 영화의 대사를 모두 외운 사람이 있다고 가정해보자. 누군가가 이 사람에게 영어로 말을 걸면 자신의 머릿속에 있는 수많은 영화 대사 중에서 가장 그럴듯한 대사를 그대로 말하거나 약간 응용해서 얘기할 수 있다. 이때 상대방이 듣기에는 꽤나 그럴듯할 것이다. 대규모 언어 모델이 지식과 언어를 습득하는 과정이 이와 같다.

대규모 언어 모델은 특정 언어를 염두에 두고 학습하는 것이 아니라, 글 형태로 존재하는 방대한 데이터를 가지고 학습한다. 하지만 영어로 표현된 데이터가 상대적으로 많기 때문에 자연스럽게 대규모 언어 모델은 사용자가 영어로 질문하거나, 영어로 된 답변을 요구할 때 더 높은 성능을 발휘한다.

대규모 언어 모델은 기존 자연어 처리 기법에 비해 특정 언어를 가리지 않고 글로 표현된 모든 데이터를 학습할 수 있다는 점에서 보다 강력한 성능과 효과를 보여주고 있다.

04

대규모 언어 모델은
언어 문제에만 쓰인다는 오해

대규모 언어 모델을 서로 다른 언어 간의 번역, 통역 등에만 쓸 수 있는 것은 아니다. 언어를 가리지 않고 글로 표현된 방대한 데이터를 학습했기 때문에 한국어든 영어든 언어와 무관하게 필요한 결과를 도출할 수 있다. 대규모 언어 모델의 입장에서는 영어로 기술된 글이나 한국어로 기술된 글이나 별반 차이가 없다. 부모가 여러 언어를 동시에 사용해서 여러 개의 언어를 동시에 모국어로 익히고 사용하게 되는 어린이들의 상황을 상상해보자. 생각해보면 이게 가능할까 싶기는 하지만 실제로 벌어지고 있는 일이다. 대규모 언어 모델은 바로 이런 식으로 인간이 사용하고 있는 거의 모든 언어들을 넘나들고 있다.

대규모 언어 모델은 글로 표현된 데이터를 학습했기 때문에, 글로 표현되어 있는 데이터에 대한 문제라면 언어를 가리지 않고 활용할 수 있다. 또한 대규모 언어 모델은 글로 표현되지 않은 데이터에 대한 문제를 푸는 데에도 활용할 수 있다. 대규모 언어 모델이 그림을 그리고 영상을 만들어내거나, 작곡하는 사례가 바로 이 경우에 해당한다.

사진, 영상, 악보 등은 글과는 전혀 상관이 없어 보이는데 대규모 언어 모델이 사용되는 현상이 꽤 의아할 수도 있다. 수학에서는 제곱해서 −1이 되는 수를 허수 i라고 정의하고 있다. 제곱해서 마이너스가 된다는 것은 사실 이해하기 쉽지 않지만 일단 이런 수가 있다고 가정해보자. 1, 2, 3, 4처럼 우리가 평소 흔히 쓰고 있는 수를 실수라고 하면 허수와 실수로 이루어진 복소수를 아래와 같이 만들 수 있다.

1+i, 2+3i, 3+4i, 4−3i, 5−4i……

x축과 y축으로 이루어진 x, y축 좌표계 상에서 풀어야 하는 다양한 문제가 나타날 수 있다. 공간 좌표계 상에서 문제를 풀기 위해

시는 벡터니 텐서(Tensor)까지 고려해야 하기 때문에 문제가 매우 복잡해지기 쉽다. x축, y축의 좌푯값은 앞의 복소수로 변환할 수 있다.

예를 들어 x축, y축 값이 각각 3, 4인 경우 3+4i로 표현하는 것이다. x축에 해당하는 값은 실수로, y축에 해당하는 값은 허수 i 앞에서 곱하는 계수로 표현한다. x축, y축에서 (3,4)로 표현되는 좌표는 3+4i로 표현되고 (5,7)로 표현되는 좌표는 5+7i로 표현된다.

이렇게 x, y 좌표계 상의 값을 복소수로 변환한 후 복소수 상태에서 더하고 빼고, 곱하고 나누는 등 필요한 연산을 충분히 한 후 계산된 복소수를 다시 x, y 좌표계로 변환하면 x, y 좌표계 상에서만 문제를 풀었을 때와 동일한 값을 얻게 된다. x, y 좌표계 상에서 벡터나 텐서를 활용하여 문제를 푸는 것보다 복소수를 변환하여 복소수로 연산한 후 다시 x, y 좌표계로 변환하는 쪽이 계산이 더 쉽고 덜 복잡할 때는 이 방법을 흔히 쓴다.

사진과 영상 제작, 작곡 등 글과 전혀 상관없어 보이는 문제들도 글로 변환한 후 대규모 언어 모델을 활용하여 결과를 도출한다. 이렇게 글의 형태로 도출된 결과를 사진, 영상, 음악 등으로 변환하면 결과적으로 대규모 언어 모델이 사진이나 영상을 만들고 음악을 작곡하게 된다. 이런 방법으로 대규모 언어 모델을 글, 언어와 전혀 무관해 보이는 분야와 문제들에서도 활용할 수 있다. 그러므로 언어에 관련한 문제가 아니라고 해서 대규모 언어 모델 활용을 포기하거나 대안에서 제외하지는 않아야 한다.

시계열 예측에도 유용한 대규모 언어 모델

대규모 언어 모델은 시계열 예측에도 활용할 수 있다. 2017년 구글이 발표한 트랜스포머 모델에서 파생된 대규모 언어 모델 LTSF(Long-term Time Series Forecasting) 솔루션들이 시계열 예측에 활용되고 있다.

LTSF는 주식 가격이나 암호화폐 가격을 예측하는 일에도 유용하게 사용되고 있다. 기존에는 시계열 예측에 LSTM이라는 딥러닝 기술을 많이 사용했는데, LTSF가 시계열 예측에서 LSTM보다 더 나은 결과를 보여주고 있다는 의견이 많다. 한편으로는 LTSF의 성능이 과장되어 있기 때문에 이 문제를 보완하기 위한 대안으로

LTSF-Linear가 필요하다는 주장도 제기되고 있다.

LTSF, LTSF-Linear를 시계열 예측에 활용하는 사례가 계속 늘고 있으므로 시계열 예측 및 분석이 필요한 문제에 대규모 언어 모델을 활용하는 방안을 적극적으로 검토할 필요가 있다.

PART
5

전이 학습과
RAG

01

잘 아는 척하는 신입 사원

대규모 언어 모델은 글로 표현된 수많은 데이터를 학습한 AI 모델이기 때문에 인간이 생각해낼 수 있는 거의 모든 질문에 꽤 그럴듯한 답변을 내놓는다. 대규모 언어 모델을 기반으로 만들어진 챗GPT와 같은 AI 서비스에 질문을 해보면 막힘없이 답변하는 것을 쉽게 볼 수 있다. 대규모 언어 모델은 특히 일반적인 수준의 질문과 답변에 매우 강한데, 그 이유는 일반적인 수준에 해당하는 글로 표현된 데이터를 매우 많이 학습했기 때문이다. 그런데 조금만 구체적이고 특수한 상황에 대해서 물어보면 전혀 엉뚱한 대답을 하는 경우가 많다.

대규모 언어 모델은 인간의 뇌라기보다는 혀에 가깝다. 우리가 타인과 대화할 때 대부분은 깊이 생각한 후에 말하지만 조건반사적으로 입안에서 익숙하게 맴도는 이야기를 내뱉는 경우도 많은데, 대규모 언어 모델이 바로 이런 방식에 해당한다. 대규모 언어 모델은 자신이 무엇을 알고 무엇을 모르는지도 모르고, 잘 알고 있는 것처럼 생각나는 대로 대답하는 신입 사원과 같다.

대규모 언어 모델이 결과를 만들어내는 방식은 수많은 동화의 내용들을 적절하게 섞어서 그럴듯한 동화를 만들어내는 것과도 비슷하다. 프로야구 중계 캐스터와 해설자가 3시간이 넘는 시간 동안 말 한 마디마다, 한 단어마다 신중하게 고민하면서 얘기한다면 체력과 집중력이 바닥나서 경기가 끝날 때까지 대화를 이어갈 수 없을 것이다. 중계 캐스터와 해설자가 경기 진행 상황을 실시간으로 보며 그동안의 경험 속에서 연관되는 얘기들을 자연스럽게 끄집어내면서 이야기를 이어나가야 체력과 집중력을 소진하지 않을 수 있다.

대규모 언어 모델도 글로 표현된 데이터를 그동안 학습한 내용을 조합하여 필요한 내용을 계속 만들어내는 방식으로 결과를 도출한다. 대규모 언어 모델에 일반적인 질문을 하면 꽤 쓸 만한 결과를 만들어낸다. 예를 들어서 "한국 프로야구에서 MVP는 어떤 선수가 선정되느냐?"라고 물어보면 "리그에서 가장 뛰어난 성적을 거둔 선수가 MVP가 된다"라는 원론적인 답변을 잘해낸다. 하지만 "2025년에 한국 프로야구에서 뛰고 있는 선수들 중 누가 MVP가 되느냐?"라고 물어보면 계속 일반적인 얘기만 하고, 구체적으로 어떤 선수가 MVP가 될 것이라는 얘기는 하지 않는다. 대규모 언어 모델은 MVP의 정의나 MVP를 뽑는 방식에 대해서는 학습이 되어 있지만 실제로 MVP 투표를 하는 전문가들의 판단 기준 자체를 학습하지는 못했기 때문이다.

이런 특성 때문에 대규모 언어 모델을 기반으로 만들어진 AI 서비스들은 일반적이고 원론적인 수준의 답변이나 결과를 얻어야 할 때에는 꽤 쓸 만하지만, 조금만 구체적이고 특수한 문제에 대해서는 만족스러운 결과가 나오지 않는 경우가 많다. 이 문제를 해결하기 위한 대안이 바로 전이 학습(Fine Tuning)과 RAG다.

02

현장 실습, 전이 학습

대규모 언어 모델은 책, 논문, 인터넷에 존재하는 웹페이지 등 수 많은 언어로 표현된 데이터들을 가리지 않고 수집하여 학습시킨 AI 모델이기 때문에 마치 초벌구이가 되어 있는 고기와 같다. 초벌구이 가 되어 있기 때문에 어느 정도는 익은 상태이고 바로 먹는 데는 지 장이 없다. 그런데 사람마다 고기를 굽는 정도가 다르고, 양념을 바 르거나 소금을 뿌리는 등 각자의 기호에 따라 맛을 더하기 위해서 선택적으로 할 수 있는 일들이 다르다. 이처럼 초벌구이가 되어 있 는 고기를 가져와서 각자의 취향에 맞게 더 굽거나, 양념이나 소금, 향신료 등을 더하는 과정이 바로 전이 학습(Fine Tuning)이다.

예를 들어 대규모 언어 모델을 기반으로 만든 AI 서비스에 김치 요리에 대해 물어보는 경우를 상상해보자. 배추로 만드는 빨간색의 일반적인 김치를 염두에 두고 AI 서비스에 질문한다면 충분히 무난한 답변을 얻을 수 있다. 하지만 총각김치나 백김치처럼 보다 특별한 형태의 김치에 대해 물으면 만족스럽지 못한 답변이 나올 가능성이 높다. 물론 대규모 언어 모델은 일반적인 김치뿐만 아니라 총각김치나 백김치 등에 대해 언급한 글도 학습한다. 하지만 학습한 데이터 중에서 일반적인 김치에 대한 내용이 훨씬 많은 비중을 차지할 가능성이 높기 때문에 대규모 언어 모델은 일반적인 김치에 해당하는 답변을 할 가능성이 높다.

만약 사용자가 총각김치나 백김치와 같은 특별한 김치에 대해서 더 제대로 답변하는 AI 서비스를 원한다면, 대규모 언어 모델이 총각김치, 백김치에 대한 데이터들을 통해 추가로 전이 학습 과정을 거치도록 하면 된다. 이 과정을 거치면 대규모 언어 모델이 총각김치, 백김치 등 보다 특수한 영역에 대해서 좀 더 잘 답변하고 제대로 된 결과를 도출할 수 있다.

회사에 갓 입사한 신입 사원은 학교에서 배운 내용과 연수원에

시 배운 내용을 토대로 일반적인 수준의 지식과 기술을 갖춘 상태다. 이 신입 사원을 현장에 투입하여 현장 실습을 시키면 해당 현장의 업무에 특화되어 좀 더 전문성을 갖춘 인재로 발전할 수 있다. 대규모 언어 모델을 전이 학습시키는 과정은 바로 신입 사원을 현장실습에 투입하는 것과 같다.

물론 그렇다고 유치원이나 초등학교 수준의 학생을 현장에 투입할 수는 없다. 고등교육 이상의 교육을 마쳐서 일반적인 수준의 역량을 갖춘 인재를 현장에 투입했을 때 최소한의 역할을 해내면서 일을 배우기가 용이할 것이다. 마찬가지로 백지상태에 가까운 AI 모델로 전이 학습을 할 수는 없다. 대규모 언어 모델은 방대한 데이터로 진행한 학습을 통해 일반적인 수준의 능력을 확보한 AI 모델이기 때문에 전이 학습을 통해 특정 분야의 성능을 더욱 뛰어난 방향으로 발전시킬 수 있는 것이다.

GPT라는 대규모 언어 모델에 기반한 생성형 AI 서비스 챗GPT의 경우 처음에는 오픈AI가 전이 학습을 허용하지 않았다. 사용자는 챗GPT가 제공하는 서비스를 그대로 이용해야 했다. 반면 Copilot, Bard와 같은 후발 경쟁 생성형 AI 서비스를 만든 회사들은 처음부터 전이 학습이 가능하도록 했다. 챗GPT의 유료 사용자가 기대만큼 빨리 늘지 않아서인지 오픈AI는 챗GPT도 2023년 가을부터 전이 학습이 가능하도록 정책을 바꿨다. 이제는 전이 학습으로 대규모 언어 모델을 특정 분야나 보다 세부적인 영역에 최적화하기가 용이해졌다.

백지상태에서 기계학습으로 AI 모델을 개발하는 것은 학교를 전혀 다니지 않고 모든 것을 직접 겪어보면서 독학으로 배우는 것과 같다. 반면 대규모 언어 모델을 선택한 후 주어진 문제를 더 잘 풀 수 있도록 전이 학습을 시키는 것은 학교를 졸업한 후 현장에서 일하면서 학교에서 배운 지식을 더욱 심화시키고 발전시키는 것과 같다.

03

정해진 매뉴얼 안에서만 답하기, RAG

대규모 언어 모델의 문제점 중 하나는 그럴듯하지만 사실과 다른 얘기를 잘 꾸며낸다는 것이다. 이를 환각 현상(Hallucination)이라고 한다.[12] 신입 사원이 자신의 상식 혹은 유튜브나 블라인드 등의 플랫폼에서 본 내용들을 편집하여 잘 모르는 내용에 대해서 꽤 그럴듯한 얘기를 만들어내는 경우를 상상해보자. 이 신입 사원이 고객의 전화를 받았고, 고객의 질문에 이런 식으로 답변한다면 큰 문제가 발생할 것이다.

---

12 LLM의 환각 현상, 어떻게 보완할 수 있을까?, KT Enterprise AICT 스토리, https://enterprise.kt.com/bt/dxstory/2521.do.

이처럼 사실과 맞지 않는 잘못된 정보를 고객에게 제공할 가능성이 높은 신입 사원을 통제하려면 어떻게 해야 할까? 매뉴얼이나 규정을 신입 사원에게 주고, 매뉴얼과 규정의 내용에 대해서만 고객에게 답변하고, 찾을 수 없는 내용은 모른다고 답변하고 다른 부서나 상급자에게 전달하도록 하는 것이다. 이처럼 대규모 언어 모델이 특정 데이터에 근거하여 답변하도록 만드는 기술을 검색 증강 생성 (Retrieval-Augmented Generation, RAG)이라고 한다.[13]

RAG에서는 대규모 언어 모델이 주어진 근거 내에서 답변하도록 하기 위해 필요한 내용을 근거 내에서 검색하는 첫 번째 단계를 거친다. 첫 번째 단계의 검색은 검색엔진에서 몇 개의 단어만 입력하는 일반 검색보다는 검색 조건을 보다 상세하게 설정하는 고급 검색에 가깝다고 볼 수 있다. 이후 검색 결과와 검색을 위해 사용한 쿼리(데이터베이스에서 필요한 검색을 하기 위해 요청하는 질문에 해당한다)를 대규모 언어 모델에 제공하는 2번째 증강 단계를 거친다. 이렇게 데이터가 증강된 대규모 언어 모델이 답을 생성하는 3번째 생성 단계를 거치면서 최종적으로 주어진 근거 내에서 답변하게 된다.

---

13 "환각 없이 믿을 수 있는 LLM" 검색 증강 생성(RAG)의 이해, IT World 2024. 1. 24. 기사, https://www.itworld.co.kr/news/322655.

RAG는 기존 대규모 언어 모델 기술에 인터넷과 데이터베이스 분야에서 오랫동안 사용되어온 검색 기술을 더한 것이다. 그럴듯한 얘기를 잘 만들어내는 대규모 언어 모델의 능력의 장점과, 검색 결과를 정확하게 제시하는 검색 기술의 장점을 결합했다.

이처럼 RAG 기술을 활용하면 보다 믿을 수 있고 출처가 있는 내용을 기반으로 답변하는 대규모 언어 모델을 만들 수 있다.

04
기계학습과
대규모 언어 모델 비교

대규모 언어 모델을 활용하여 사람의 모습이 포함된 그림이나 영상을 만들 때면 다음과 같은 문제를 종종 발견할 수 있다. 전체적으로는 어색하지 않지만 자세히 살펴보면 손가락이 매우 이상한 경우가 있다. 엄지손가락이 집게손가락보다 크거나, 한쪽 손의 손가락이 5개가 아니라 그보다 많거나 적을 때가 있고, 손가락 5개의 모양이 현실 세계에서는 쉽게 볼 수 없는 모습인 경우도 있다.

대규모 언어 모델은 사람의 모습이 포함되어 있는 방대한 사진 관련 데이터도 취합한 후 학습하기 때문에 사람의 어깨와 손가락, 무릎을 같은 비중으로 본다. 대규모 언어 모델이 어깨, 손가락, 무릎을 그럴듯하게 그리는 수준은 거의 같다고 할 수 있다. 그런데 어깨와 무릎에 대한 사람의 기대치는 높지 않기 때문에 대규모 언어 모델이 어깨와 무릎을 그럴듯하게 그리면 대충 넘어가지만, 손가락에 대한 기대치는 매우 높기 때문에 대규모 언어 모델이 그린 손가락 모습에 만족하지 못하는 경우가 발생한다.

〈그림 4〉 감각 호문쿨루스

감각 호문쿨루스는 인간 대뇌피질의 각각의 영역과 연결된 신체 부위들을 비율적으로 나타낸 그림이다.[14] 얼굴과 연결되어 있는 대뇌피질 영역의 비율이 높고, 얼굴 내에서도 입과 관련된 부분의 비율이 높다. 손가락과 연결되어 있는 대뇌피질 영역의 비율이 높다는

---

14 김형욱의 말랑말랑 해부학 블로그, https://ptful.tistory.com/156.

것도 알 수 있다. 손가락에는 많은 신경세포가 위치해 있고, 대뇌피질의 많은 영역과 연결되어 있다. 우리가 상대방과 마주 보고 얘기할 때 얼굴뿐만 아니라 손가락의 움직임도 보는 경우가 많은데, 손가락의 동작과 모습을 통해 뇌 안에서 어떤 생각과 느낌을 가지고 있는지 유추해볼 수 있기 때문이다.

얼굴과 손가락은 사람의 전체 모습에서 차지하는 의미가 크고, 그 사람의 감정과 생각을 표현할 수 있는 부분이 많다. 이 때문에 화가가 그림을 그릴 때에는 얼굴과 손가락을 자연스럽게 그리고, 의도한 부분을 강조하기 위해서 애쓴다. 하지만 대규모 언어 모델은 얼굴뿐만 아니라 손가락을 신체의 다른 부분과 거의 같은 비율로 고려해서 학습하기 때문에 특히 손가락과 관련하여 어색한 결과를 보이는 경우가 많다.

기계학습을 활용하여 사람의 모습을 포함한 그림을 그리는 AI 모델을 개발할 때에는 AI 학습용 데이터를 만드는 과정에서 얼굴과 손가락에 좀 더 비중을 둘 수 있기 때문에 대규모 언어 모델보다 상대적으로 손가락이 자연스러운 그림을 그릴 수 있다. 손가락 문제는 대규모 언어 모델과 기계학습의 차이를 상징적으로 보여준다.

기계학습으로 AI 모델을 학습시키면 주어진 문제에 특화된 AI

모델을 처음부터 만들 수 있다. 반면 대규모 언어 모델은 일반적이고 원론적인 문제에는 강하지만, 주어진 문제에 특화시키려면 앞에서 언급한 전이 학습과 RAG를 통해 주어진 문제에 최대한 특화되도록 만들어야 한다. 전이 학습과 RAG를 적용해도 일반적이고 원론적인 대규모 언어 모델을 특화시키는 데 한계가 있을 수 있기 때문에 문제에 완전히 특화시키는 측면에서는 기계학습이 대규모 언어 모델보다 유리할 수 있다.

하지만 기계학습으로 AI 모델을 만들기 위해서는 사실상 백지상태에서 시작해야 하기 때문에 비용과 시간이 매우 많이 필요하다. 방대한 빅데이터를 수집한 후 이 데이터를 분류하여 양질의 AI 학습용 데이터를 만들어야 한다. 빅데이터를 분류하는 레이블링 과정에서도 많은 사람을 투입해야 한다. 크라우드 워커가 레이블링을 제대로 하도록 만들기 위해서는 사전에 적절한 교육을 해야 하고, 이들이 레이블링한 결과를 검수하는 과정도 필요하다. 이 과정을 거쳐서 만든 AI 학습용 데이터를 가지고 기계학습 방식으로 AI 모델을 학습시켜야 한다. AI 모델의 성능이 만족스럽지 못하면 빅데이터를 수집하고 AI 학습용 데이터를 만드는 과정부터 보완해서 다시 진행해야 한다.

반면 대규모 언어 모델은 글로 표현된 방대한 데이터들을 가지고 일반적이고 원론적인 수준에서 충분히 쓸 만한 결과를 내놓는 AI 모델을 미리 만들어놓은 결과물이기 때문에 백지상태에서 기계학습으로 AI 모델을 만들 때보다 비용과 시간을 훨씬 줄일 수 있다. 물론 대규모 언어 모델 자체는 저절로 만들어지는 것이 아니라 글로벌기업이나 국내 대기업이 막대한 자본과 인력, 그리고 데이터를 투입하여 만드는 것이고, 이 과정에서 AI 반도체가 많이 사용된다.

대규모 언어 모델을 전이 학습시키고 RAG를 적용하는 것으로는 특정 분야에 특화된 문제를 풀 수 있는 AI 모델을 도저히 만들수 없을 때에는 어쩔 수 없이 기계학습으로 AI 모델을 만들어야 한다. 그렇지 않은 경우에는 수많은 대규모 언어 모델 중 하나를 선택한 후 주어진 문제에 맞게 전이 학습, RAG 기술을 적용하는 것이비용 대비 효과 측면에서 탁월하기 때문에 현재는 이러한 접근 방식이 AI 개발의 메가 트렌드다.

김치를 스마트폰으로 촬영한 사진을 보고 김치가 잘 익어서 김치냉장고나 일반 냉장고에 저장해놓고 먹는 게 좋을지, 아니면 아직 익기 전의 상태여서 상온에 보관해서 좀 더 익히는 것이 좋을지 알려주는 서비스를 만든다고 가정해보자. 기계학습으로 이런 서비스를 제공할 수 있는 AI 모델을 만들기 위해서는 다음과 같은 과정을 거친다.

잘 익은 김치를 촬영한 사진을 모으고, 덜 익은 김치를 촬영한 사진을 모은다. 이렇게 확보한 김치 사진들을 익은 김치 사진과 덜 익은 김치 사진으로 레이블링(분류)한 후 AI 모델을 학습시키는 데 유용하게 활용할 수 있는 형태로 만든다. 이렇게 만든 AI 학습용 데이터로 AI 모델을 반복적으로 학습시킨다. 학습이 완료된 AI 모델에 새로운 김치 사진을 입력하면 익은 김치 또는 덜 익은 김치라는 결괏값을 만들어낸다. 이 결괏값을 가지고 김치냉장고나 일반 냉장고에 넣고 먹어도 되는지, 상온에서 좀 더 익히면 좋은지 알려주는 AI 서비스를 만들면 된다.

대규모 언어 모델을 활용할 때는 다른 방식으로 접근한다. 대규모 언어 모델은 글로 표현된 수많은 데이터를 학습시킨 AI 모델이다. 대규모 언어 모델이 학습한 데이터에는 김치에 대해서 직간접적으로 다룬 내용들도 포함되어 있다. 김치 사진과 김치에 대해서 글로 표현한 데이터들이 관련이 없어 보일 수도 있다. 하지만 사진과 관련한 내용을 글로 변환하고, 대규모 언어 모델에서 글을 기반으로 처리하고, 다시 글을 사진으로 변환하는 일은 대규모 언어 모델을 활용하는 과정에서 흔히 이루어지고 있다. 김치 사진만으로도 이 김치에 대해 설명하는 글로 표현된 데이터를 뽑아낼 수 있고, 이처럼 글로 표현된 데이터를 김치에 대해서 이미 학습되어 있는 대규모 언어 모델에 입력하면 익은 김치인지 덜 익은 김치인지 판단할 수 있다. 익은 김치와 덜 익은 김치에 대한 사진을 직접 촬영하지 않고도 김치에 대해서 다룬 글을 학습한 대규모 언어 모델의 능력만으로도 익은 김치와 덜 익은 김치를 구분할 수 있으므로 기계학습을 활용하는 방법보다 훨씬 편리하고 비용과 시간이 적게 든다.

하지만 김치에 대해서 일반적으로 다룬 내용들을 학습한 대규모 언어 모델이 우리가 구현하려고 하는 AI 서비스에서 주로 다루게 될 김치에 대해서 얼마나 특화되고 세부적인 성능을 보여줄지는 검증을 해봐야 알 수 있다. 예를 들어 대규모 언어 모델은 일반적인 빨간색 배추김치에 대해서 다룬 글을 보고 학습했는데, AI 서비스를 주로 이용하는 사람들이 파김치나 백김치 같은 다른 형태의 김치 사진을 주로 입력한다면 만족스럽지 않은 성능이 나타날 가능성이 높다. 이때는 전이 학습이나 RAG 기술을 적용해서 구현하고자 하는 AI 서비스에 맞게 특화시키면 된다.

PART
6

대규모 언어 모델
사용의 의미

01

대규모 언어 모델 사용의 효용성

대규모 언어 모델은 글로 표현된 방대한 데이터를 학습한 AI 모델이기 때문에 박학다식한 백과사전과 같은 역할을 해낸다. 우리가 인터넷에서 검색하는 정도의 노력으로 찾아낼 수 있는 지식은 대규모 언어 모델이 쉽게 사용자에게 제공할 수 있다.

또한 대규모 언어 모델은 인간이 사용하는 언어를 처리하는 능력이 탁월하다. 서로 다른 언어 간의 번역뿐만 아니라 주어진 내용을 요약하거나 여러 내용을 편집하여 필요한 내용을 도출하는 능력도 뛰어나다. 사용자 입장에서는 이 같은 장점 때문에 대규모 언어 모델을 기반으로 만든 AI 서비스를 일반적인 지식을 찾거나, 번역하거나, 주어진 내용을 요약히거나 편집하는 데 유용하게 쓸 수 있다.

AI 모델을 개발하는 입장에서도 대규모 언어 모델은 유용한 도구다. 백지상태에서 기계학습으로 AI 모델을 만드는 것보다는 주어진 상황과 문제에 적합한 대규모 언어 모델을 선택한 후 전이 학습과 RAG(검색 증강 생성)를 적용하여 주어진 상황과 문제에 적합하도록 개발하는 것이 비용과 시간 면에서 훨씬 효과적이다. 막대한 자본을 투자해서 초거대 AI를 만들어 활용하는 것보다는 대규모 언어 모델을 기반으로 필요한 AI 모델을 만드는 것이 더 효과적이다. 챗GPT의 사례처럼 대규모 언어 모델을 기반으로 초거대 AI를 만드는 방식도 경쟁력이 있다.

이처럼 대규모 언어 모델은 사용자와 AI 개발자 모두에게 효율적인 기술이다.

대규모 언어 모델에 의존한 주니어들의 미래

 AI 개발자는 대규모 언어 모델을 직접 다루며 만들고, 보통의 사용자들은 대규모 언어 모델을 기반으로 만들어진 AI 서비스를 이용한다. 사용자가 대규모 언어 모델을 사용한다는 것은 정확하게는 대규모 언어 모델을 기반으로 만들어진 AI 서비스를 이용한다는 뜻이지만, 이제부터는 사용자가 대규모 언어 모델을 기반으로 만들어진 AI 서비스를 이용하는 것이 곧 대규모 언어 모델을 이용하는 것과 같다고 전제하겠다.

 대규모 언어 모델은 공부, 연구, 일을 보조하는 수단으로 매우 유용하다. 실제로 많은 사람이 공부, 연구, 일을 보조하는 수단으로 대규모 언어 모델을 활용히고 있다.

어떤 분야에서 신입으로 시작해서 일을 배우는 단계에 있는 사람을 주니어라고 하고, 일에 익숙해져서 주니어를 가르치거나 조언해줄 수 있는 사람을 시니어라고 구분해보자. 대규모 언어 모델의 효용은 이미 스스로 많은 일을 할 수 있는 시니어보다 주니어에게 훨씬 크다.

시니어는 어떤 일을 하려고 할 때 어떤 규정과 매뉴얼을 어디서 찾아서 미리 읽어봐야 하는지 알고 있고, 일을 어떤 절차로 진행해야 하는지도 알고 있다. 반면 주니어는 어디서, 누구에게 뭘 물어봐야 할지도 난감한 입장일 때가 많은데, 대규모 언어 모델이 이런 답답함을 해소해주는 데 제격이다.

대규모 언어 모델을 이용하면 주니어들도 어떤 자료를 미리 살펴봐야 하는지 알 수 있다. 대규모 언어 모델은 여행 일정 등도 척척 만들어주기 때문에 어떤 일을 어떤 절차에 따라 해야 하는지에 대해서도 꽤 쓸 만한 답변을 할 수 있다.

대규모 언어 모델을 활용하는 현재 주니어들의 업무 생산성과 공부, 연구, 일의 효율은 과거의 주니어들보다 훨씬 높을 것이다. 하지만 세상 모든 일에는 대가가 따르는 법이다. 주니어들이 언젠가는 시니어 수준까지 올라가야 하는데, 대규모 언어 모델에 의존하는 습관이 주니어들이 시니어로 성장하는 데 큰 걸림돌이 될 수 있다.

과거에는 많은 사람이 수십 개 이상의 전화번호를 외웠지만, 스마트폰을 항상 가지고 다니는 현재에는 주변 지인들의 전화번호는 물론이고 가족 전화번호도 스마트폰의 도움 없이 찾을 수 없다. 전화번호를 관리하는 기능을 스마트폰에 전적으로 맡겼기 때문에 우리 스스로 필요한 전화번호를 외우는 능력이 퇴보한 결과다.

대규모 언어 모델이 본격적으로 활용되기 시작한 이후에는 주니어들이 공부, 연구, 일을 할 때 다양한 IT 디바이스나 IT 시스템에 의존하면서 스스로 해낼 수 있는 능력을 갖추는 시기가 늦추어지거나 아예 능력이 형성되지 않는 문제들이 나타날 것이다.

백지상태에서 스스로 고민해서 뭔가를 만들어보고, 그 결과에 대해서 선배나 팀장의 피드백을 받고, 자신의 결과가 현장과 시장에서 실제로 발현되는지를 보고 스스로 반성하거나 보완하는 과정을 반복해야 발전할 수 있다. 하지만 대규모 언어 모델에 의존하면 이 모델을 활용하여 결과를 만들어내는 능력은 발전하겠지만 스스로 성과를 만들어내는 능력은 더디게 발전할 가능성이 높다.

소수의 시니어와 다수의 주니어로 구성되었던 마케팅, 시장조사 부서에서 주니어가 하던 일들은 대부분 대규모 언어 모델이 대체하고 시니어의 역할이 더 커지고 있다. 시니어 수준에 도달하지 못한 인재는 대규모 언어 모델에 대한 과도한 의존 때문에 시니어로의 발전이 늦어지다가 결국은 대규모 언어 모델로 대체되고, 시니어 수준 이상에 도달한 인재들의 몸값은 더 비싸지는 고용 시장의 양극화가 깊어질 것이다.

교육을 위해 어린 학생들의 TV 시청이나 스마트폰 사용을 금지하거나 제한하는 경우가 있는 것처럼 주니어들의 장기적인 성장을 위해서는 대규모 언어 모델에 대한 의존을 조절할 필요가 있다.

03

갈릴레이와
대규모 언어 모델

인간의 문명은 일반성과 특수성의 끊임없는 경쟁과 균형 속에서 발전했다. 사는 곳이나 직업, 재산이 다르더라도 인간의 삶과 사고 방식은 유사하다는 일반성이 있기 때문에 서로 이해하고 소통할 수 있다. 반면 서로 다른 생각과 시도를 하고 각자의 상황과 의지가 다르다는 특수성 덕분에 인간은 다양한 시도를 해왔고, 이 중 일부는 실패하고 일부는 성공하면서 문명을 발전시켜왔다.

창업해서 사업을 영위하는 것은 성공은커녕 생존하는 것도 확률적으로 가능성이 매우 낮은 일이다. 하지만 자신은 특수하게 망하지 않고 성공할 것이라고 확신하는 사람들이 많기 때문에 끊임없이 창업하는 사람들이 있다. 이 중 대다수가 생존하지 못하고 도태되지만 또다시 끊임없이 창업하는 사람들로 채워진다. 자신의 생각과 시도 그리고 삶은 다른 사람들과 특수하게 다를 것이라는 기대와 확신 덕분에 인류는 끊임없이 기존과 다른 시도를 하게 된다.

반면 자신의 생각과 시도 그리고 삶이 일반 보편의 것과 크게 다르지 않다는 일반성을 따르기 때문에 인간은 대세를 따르고 사회 규범에 순응한다. 현존하는 모든 문화와 제도, 관습과 시스템의 옳고 그름을 매번 스스로 판단하고 따를지 말지를 결정한다면 현실적으로 하루도 편안하게 살아갈 수 없다. 우리는 무엇이 법이라는 것을 알게 되었을 때 납득할 만한 과정을 거쳐서 그것이 만들어졌다고 믿고 그 법을 큰 비판 의식 없이 따른다. 그 이유는 인간의 일반성에 대한 기대와 의존이 발현되었기 때문이다.

갈릴레오 갈릴레이가 활동했던 16세기와 17세기에는 지구는 멈춰 있고 태양이 지구 주위를 돈다는 천동설이 대세이자 정설에 해당하는 과학 이론이었다. 일반성을 따르는 대다수의 사람들은 천동설을 비판 없이 수용하고 믿었다. 하지만 갈릴레이는 특수성을 더 많이 추구했고, 망원경으로 천체를 관찰하면서 지구가 태양 주위를 돈다는 가설을 세우기 시작했다. 그 후 많은 실험과 이론을 토대로 지동설을 확신하게 된다. 지동설이 받아들여지는 데에는 오랜 시간이 걸렸지만 지금은 지동설이 정설이 되었다.

현재의 대규모 언어 모델에 천동설이 맞는지 지동설이 맞는지 물어보면 당연히 지동설이 맞다고 대답한다. 대규모 언어 모델이 학습한 태양과 지구의 궤도에 대한 문서 대부분에는 지동설이 맞다는 취지로 기재되어 있기 때문이다. 그런데 만약 타임머신을 타고 16세기, 17세기로 이동한 후 당시에 태양과 지구의 궤도에 대해 언급한 글로 대규모 언어 모델을 학습시키고 천동설과 지동설 중 어느 것이 맞는지 물어보면 천동설이 맞다고 대답한다.

대규모 언어 모델은 물리적 사고를 거쳐서 대답하는 것이 아니라 학습한 데이터 안에서 천동설과 지동설을 각각 지지하는 데이터의 비율에 따라 확률적으로 비율이 높은 쪽으로 대답한다. 즉 우리가 대규모 언어 모델에 의존해서 과학적인 의구심을 해소하려고 할 때마다 특수성이 아니라 일반성에 의존한 답변을 받을 가능성이 커진다.

과학은 절대적인 진리라기보다는, 자연현상을 이해하고 해석하기 위해 인간이 생각해낼 수 있는 가장 유용한 패러다임이다. 따라서 어떤 시점에 절대적으로 맞는 것이라고 인식되던 패러다임이 시간이 지남에 따라 여러 모순과 한계를 노출하고, 이 모순과 한계를 보완하는 방향으로 과학 패러다임이 끊임없이 발전해왔다. SNS와 숏폼 플랫폼 이용이 늘고, 대중에게 인기 있고 자신의 선호와 관심에 부합하는 콘텐츠에 더 많이 노출되면서 결과적으로 사람들이 과거보다 더 비슷한 콘텐츠를 동시에 소비하는 경향이 강해지고 있다. 플랫폼과 채널이 다양해지면 인간의 콘텐츠 소비가 다양해질 것 같았으나 실제로는 대세를 향해 집중되고 있다. 즉 특수성보다는 일반성에 대한 의존이 점점 더 커진다.

과학을 공부하는 학생들이나 과학을 연구하는 학자들이 대규모 언어 모델에 의존하는 정도가 심해질수록 현재 대세에 해당하는 이론이나 사고 체계로 편향될 가능성이 커지고, 이것이 과학 발전의 발목을 잡는 원인이 될 수 있다.

과학뿐만 아니라 시장조사, 마케팅, 보고서 작성 등 많은 분야에서 사람들이 대규모 언어 모델에 의존하면 당장의 효율은 올라가겠지만 시간이 지남에 따라 서로 비슷비슷하게 생각하고, 비슷한 결과물을 만들어내는 상황이 초래될 것이다. 당장의 효율을 위해 대규모 언어 모델을 활용하여 일반성을 추구하면서도 독창적이고 창의적인 시도를 위해 인간이 직접 고민하고 새로운 시도를 하며 특수성을 추구하려고 노력할 필요가 있다.

PART

7

대규모 언어 모델을
어떻게 활용해야
하는가?

01

대규모 언어 모델은
언제 필요한가?

대규모 언어 모델을 이용하는 입장은 2가지로 나눌 수 있다. 대규모 언어 모델을 기반으로 만들어진 AI 서비스를 이용하는 일반 사용자와, 대규모 언어 모델을 활용하여 AI 서비스를 만들려고 하는 AI 개발자 또는 AI 사업자다. 일반 사용자를 AI 수요자로, AI 개발자 또는 AI 사업자를 AI 공급자로 표현해보자.

AI 수요자 입장에서는 기계학습으로 개발된 AI 모델을 기반으로 만들어진 AI 서비스를 사용할지, 대규모 언어 모델을 기반으로 만들어진 AI 서비스를 사용할지, 또는 범용적 목적을 위해 만들어진 초거대 AI를 사용할지 선택하면 된다.

자신이 AI 서비스를 이용하여 해결하고자 하는 문제가 아직 명확하지 않은 상태라면 초거대 AI를 활용하면서 다양하게 접근해보면 도움이 된다. AI 서비스를 통해 해결하고자 하는 문제가 명확하다면 그 문제가 특정 영역에 국한되는지 어느 정도 일반적인지 구분해볼 필요가 있다. 특수성이 상대적으로 높은 문제라면 기계학습으로 기반으로 만들어진 AI 서비스를 이용하는 것이 좋고, 그렇지 않다면 대규모 언어 모델을 기반으로 만들어진 AI 서비스를 이용하는 것이 좋다.

건설 현장에서 대형 크레인을 어떤 위치에 어떤 공법으로 설치하느냐는 안전과 작업 생산성과 관련하여 매우 중요한 문제다. 건설 과정과 대형 크레인에 대해 잘 모르는 대중에게 이 문제의 해결법을 물어봐서 다수의 의견을 따른다고 상상해보자. 이런 식으로 접근하면 심각한 안전사고가 발생할 것이다. 대형 크레인 설치 문제를 대형 언어 모델을 활용하여 해결하는 것은 대중에게 물어보고 다수 의견을 따르는 것과 같다. 대형 언어 모델은 대형 크레인과 관련된 글로 표현된 데이터를 학습하여 평균적인 의견을 내기 때문이다.

다수의 생각이나 사례보다는 전문가의 의견을 따라야 하는 엔지니어링 같은 문제는 대규모 언어 모델에 전적으로 의존해서는 안 된다.

이제 AI 공급자 입장에서 대규모 언어 모델이 언제 필요한지 살펴보자. AI 공급자는 자신이 기획한 AI 서비스를 만들기 위해서 어떤 인풋을 입력하면 어떤 아웃풋이 나오는 AI 모델을 만들 것인지를 먼저 결정해야 한다. 종양의 크기와 모양을 알 수 있는 CT 이미지를 보고 암인지 아닌지 예측하는 AI 서비스를 만들려고 하는 경우라면 CT 이미지가 인풋이 되고 암 여부가 아웃풋이 되는 AI 모델을 만들어야 한다.

비즈니스적으로는 AI 모델이 하는 일은 무언가를 예측하거나 무언가를 추천하는 2가지로 나눌 수 있다. AI 모델은 내일 비가 올지 안 올지 예측할 수 있고, 어떤 주식의 가격이 하루 뒤에 현재보다 올라가거나 내려가는 것을 예측할 수 있다. 예측이 정확했는지 틀렸는지를 평가하면 AI 모델이 예측을 잘하는지 그렇지 않은지 판단할 수 있다. AI 모델이 옷 가게를 방문한 손님에게 가장 어울릴 만한 옷을 추천해줄 수 있고, 장난감을 판매하는 웹사이트 접속자에게 관심이 생길 만한 장난감들을 첫 화면에 보여줄 수도 있다. 이때 추천이 맞았다 또는 틀렸다는 것을 단정적으로 얘기하기가 어렵기 때문에 예측처럼 맞고 틀리고를 평가해서 AI 모델의 성능을 판단하지는 않는다. 대신 AI 모델의 추천으로 인해 원래 의도했던 것이 얼마나 더 잘 달성되었느냐로 AI 모델이 추천을 잘하는지를 판단한다. AI 모델이 옷 가게에서 손님들에게 옷을 추천해서 실제로 구매까지 이어지는 확률이 높아졌다면 추천을 잘한 것이고, 장난감 판매 웹사이트의 첫 화면에 나타낼 장난감들을 AI 모델이 추천한 이후에 접속자들이 머무는 시간이 더 늘어났다면 추천을 잘한 것으로 판단한다.

AI 공급자는 AI 서비스를 만들기 위해 어떤 인풋을 AI 모델에 입력하면 어떤 아웃풋을 예측 또는 추천의 형태로 내놓는 모델이 필요한지를 결정해야 한다. 이런 일을 해내는 AI 모델이 이미 존재한다면 당연히 이것을 사용하여 AI 서비스를 만드는 것이 가장 효과적이다. 비용을 지불하면 미리 제작된 AI 모델을 사용할 수 있는 서비스를 제공하는 회사가 많다. 2016년 알파고 AI 바둑 이벤트 때문에 AI에 대한 대중의 관심이 커진 직후에는 AI 서비스를 만들려고 하면 무조건 자체적인 AI 모델을 직접 만들어야 한다는 인식이

널리 퍼졌다. 하지만 지금은 이미 만들어진 AI 모델을 비용을 지불하고 활용하는 것이 AI 모델을 직접 만들어서 사용하는 것보다 효과적이라는 인식이 주를 이루고 있다.

이미 존재하는 유료 AI 모델들 중 AI 서비스를 구현하는 데 필요한 모델이 없다면 부득이하게 직접 만들어야 한다. 이때는 백지상태에서 기계학습을 활용하여 AI 모델을 만들거나 대규모 자원을 투입해서 초거대 AI를 만들어야 한다. 또는 대규모 언어 모델을 활용하여 필요한 AI 모델을 만들 수도 있다. 기계학습을 활용하여 AI 모델을 만드는 것은 옷을 직접 만들어 입는 것과 같고, 초거대 AI를 만드는 것은 옷을 생산하는 공장을 세우는 것과 같다. 대규모 언어모델을 활용하여 필요한 AI 모델을 만드는 것은 기계학습으로 AI모델을 만드는 것과 초거대 AI를 만드는 것의 중간에 해당한다.

글로벌기업이나 대기업처럼 막대한 자원을 투입할 수 있다면 초거대 AI를 직접 만드는 방법을 고려해볼 수 있지만, 그런 여건이 아니라면 현실적으로 기계학습이나 대규모 언어 모델을 활용하여 AI모델을 만들어야 한다.

AI 모델이 예측 또는 추천해야 하는 분야가 매우 특수한 경우에 해당한다면 기계학습을 활용하여 AI 모델을 직접 만드는 것이 더 유리하다. 예를 들어 원자력발전소의 수십만 개의 센서값을 통해 원자력발전소의 이상 여부를 예측하는 AI 서비스를 만들려고 한다면 대규모 언어 모델보다 기계학습을 활용하여 AI 모델을 만드는 것이 더 효과적이다. 일부러 원자력발전소의 상태를 이상하게 만들 수는 없기 때문에 시뮬레이션을 이용하여 원자력발전소가 정상적으로 운전될 때의 센서값들을 추출하고, 비정상 상태로 운전될 때의 센서값을 추출한다. 이렇게 추출한 센서값을 통해 원자력발전소의 정상 또는 비정상 운전 여부를 예측하는 AI 모델을 기계학습으로 반복 학습시켜 개발하면 된다.

AI 모델이 예측 또는 추천해야 하는 문제가 어느 정도 일반적이면 대규모 언어 모델을 활용하여 AI 모델을 만드는 것이 더 효과적이다. 예를 들어 은행에 취업하기 위해서 필요한 입사 지원서 작성을 도와주는 AI 서비스를 만든다면 대규모 언어 모델을 활용하는 것이 좋다. 이 문제는 주어진 조건에 따라 글을 작성한다는 일반적인 일에서 입사 지원서 작성으로 범위를 한정하고, 마지막으로 일반적인 회사가 아닌 은행을 대상으로 한 입사 지원서로 범위를 좁

혀서 접근할 수 있다. 글을 작성하는 일반적인 일을 하는 데 능숙한 대규모 언어 모델을 선택한 후 프롬프트 엔지니어링,[15] 전이 학습, RAG 기술을 접목하여 이력서 작성에 특화시키고, 다시 은행 대상 이력서 작성에 특화시키는 방식으로 접근해서 궁극적으로 은행 대상 이력서 작성을 잘할 수 있는 AI 모델을 만들 수 있다.

정리하면, AI 공급자 입장에서는 자신이 만들려고 하는 AI 서비스에 필요한 AI 모델이 비용을 지불하고 사용할 수 있는 유료 AI 모델 중에는 없고, 초거대 AI를 직접 만들 만큼 자원이 충분하지 않으며 기계학습으로 AI 모델을 만들어야 할 만큼 해결해야 하는 문제가 특수하지 않다면 대규모 언어 모델이 필요하다.

15 　대규모 언어 모델로부터 적절한 답변을 얻기 위해 대규모 언어 모델에 질문을 하는
　　 방법과 절차.

02

대규모 언어 모델을
어떻게 활용해야 하는가?

대규모 언어 모델로 만든 AI 서비스를 이용하면 대략 봤을 때는 꽤 그럴듯한 결과가 나온다. 그래서 거의 모든 문제를 대규모 언어 모델로 쉽게 풀 수 있다고 착각하기 쉽다. 그럼 매우 중요한 소송을 겪고 있는 사람이 법원에 제출할 소장을 대규모 언어 모델에 전적으로 의존하고 작성하여 제출했다고 승소를 기대할 수 있을까?

대규모 언어 모델뿐만 아니라 전체 AI 기술을 활용하기 위해서는 먼저 문제를 풀 수 있는 상황을 만들어야 한다. 수십만 권의 책이 도서관에 체계적으로 정리되어 있고, 사람이 검색해서 직접 해당 책이 있는 서고로 가서 책을 찾아 올 수 있는 상황을 상상해보

자. 책을 검색하고 찾아 오는 일을 사람이 직접 하기 때문에 물론 시간이 많이 소요될 것이다. 이렇게 책을 검색하고 찾는 데 시간이 많이 걸리지만, 가능한 상황에서 AI를 도입하면 속도와 정확도를 훨씬 끌어올릴 수 있다.

하지만 수십만 권의 책이 전혀 분류되어 있지 않고, 수십 개의 컨테이너 안에 임의로 수천 권씩 쌓여 있는 경우를 상상해보자. 이 때는 사람이 시간을 아무리 많이 써도 원하는 책을 찾는 일 자체가 불가능하다. 수십만 권의 책들을 매번 일일이 확인할 수는 없기 때문이다. 이런 상황에서는 AI를 도입한다고 해도 절대 빠른 시간 안에 책을 찾을 수 없다.

나는 현재 운영 중인 회사를 만들고 10년째 수많은 분야에서 많은 AI 프로젝트를 진행하면서, 컨테이너 안에 책을 마구잡이로 쌓아놓은 상태에서 AI를 적용하려 하는 것처럼 문제를 풀 수 있는 상황 자체가 조성되어 있지 않은 상태에서 AI를 만병통치약처럼 사용하려고 하는 경우를 자주 봤다.

대규모 언어 모델이 효율적인 부분이 있고 장점도 분명히 있지만 이 모델을 적용한다고 해서 모든 문제가 풀리는 것은 아니다. 대규모 언어 모델을 적용하는 과정에서 AI와 별개로 해결해야 하는 현장의 문제들이 드러나기도 한다. 대규모 언어 모델은 현실의 문제를 해결하기 위한 수단일 뿐 그 자체가 문제 해결을 담보하는 것은 아니다. AI 로봇 청소기를 작동시킨다고 해서 집 안 청소 모두를 다 알아서 진행하는 것은 아니다. AI 로봇 청소기를 활용해서 청소하려는 사람이 어느 부분을 어떤 식으로 청소할지 먼저 구상해야 하고, AI 로봇 청소기로 청소할 수 있는 부분과 자신이 직접 청소해야 하는 부분을 구분해야 한다. 마찬가지로 대규모 언어 모델을 사용하여 현실의 문제를 해결하려고 할 때에도 대규모 언어 모델이라는 수단을 언제, 어디서, 어떻게 활용할 것인지에 대해서 사람이 주도적으로 고민하고 계획을 세워서 실행해야 한다.

대규모 언어 모델을 활용한다는 것은 인간이 만들어낸 방대한 문서 데이터를 학습한 AI 모델의 능력을 활용하는 것이므로 방대한 데이터 안에 존재하는 일반성을 추구한다는 뜻이 된다. 타이완 여행을 앞두고 자세한 여행 일정을 대규모 언어 모델을 활용하여 만들면 타이완에 다녀온 수많은 사람이 공통적으로 만족했던 일정과 매우 유사할 가능성이 높다. 만약 남들이 타이완 여행에서 잘 가지 않는 특별한 장소와 특별한 경험을 원한다면 대규모 언어 모델에 전적으로 의존해서는 안 된다.

대규모 언어 모델을 활용하는 것은 인터넷 검색을 활용하는 것과 비슷한 면이 많다. 우리가 어떤 일을 계획하거나 어떤 문제를 해결하기 위한 방법을 찾으려고 할 때는 인터넷 검색을 먼저 한다. 검색을 해보면 관련 사이트로 연결되거나 관련 정보를 제시하는 기사, 블로그 등으로 연결된다. 여기에 있는 내용들을 읽어보면 자신이 세우려고 하는 계획이나 해결하려고 하는 문제에 대해서 전 세계의 수많은 사람들 중 대다수가 어떤 생각을 하고 어떻게 계획하고 있는지 대략적으로 알게 된다. 즉 인터넷 검색으로도 일반적인 정보와 얘기들을 충분히 접할 수 있다. 하지만 인터넷 검색에 시간을 무한정 쓸 수는 없기 때문에 적절한 시점에 검색을 멈추게 된다. 이후 인터넷 검색으로 얻은 일반적인 지식과 정보를 참고하며 보다 구체적으로 자료 조사를 하고 필요한 정보를 확인하는 과정을 거친다.

대규모 언어 모델을 활용한다는 것은 우리가 인터넷 검색을 통해서 확인할 수 있는 거의 무한대에 가까운 데이터들을 가져온다는 뜻이기도 하다. 수십 년 이상의 시간을 들여서 인터넷 검색에만 매진한 것과 같은 효과를 보게 되는 것이다. 하지만 우리가 이렇게 엄청난 시간을 들여서 검색을 한다고 해서 필요한 정보를 항상 정확하게 파악할 수 있는 것은 아니다. 예를 들어서 2025년 기준의 미국 메이저리그 포스트시즌 방식에 대해서 알고 싶다고 가정해보자. 메이저리그의 포스트시즌 진행 방식은 매년 미세하게 바뀌고 있다. 포스트시즌에 진출하는 팀을 어떻게 정하고, 대진표를 어떻게 정하고, 어느 팀이 홈팀이 될지가 팬들의 반응과 이해관계자들의 의견을 수렴해가면서 수시로 바뀌고 있다. 메이저리그 포스트시즌 방식에 대해 검색해보면 현재와는 완전히 다른 수십 년 전의 상황에 대한 데이터부터 최근 데이터까지 섞여서 조회된다. 최근에 작성된 내용이라고 해도 최신 메이저리그 포스트시즌 제도를 잘못 이해하고 블로그 등에 작성한 내용일 수도 있다. 따라서 인터넷 검색을 수없이 한다고 해서 그것만으로 메이저리그 포스트시즌 방식을 정확하게 알 수는 없다. 가장 좋은 접근은 인터넷 검색을 먼저 충분히 해서 메이저리그 포스트시즌 방식이 대략 어떤 내용인지 이해한 후 메이저리그 전문가에게 명확하게 물어보는 것이다.

우리는 인터넷 검색의 한계를 이처럼 충분히 잘 알고 있기 때문에 인터넷 검색에만 전적으로 의존해서 계획을 세우거나 문제를 해결하지는 않는다. 그런데 대규모 언어 모델을 활용할 때에는 완전히 의존하는 경우가 많다. 대규모 언어 모델을 기반으로 만들어진 AI 서비스를 이용해보면, 마치 AI 서비스 뒤에서 사람이 직접 대응해주는 것처럼 느껴진다. AI 서비스 뒤에 있는 사람이 알아서 필요한 사항들을 모두 챙기고 책임을 지고 대응하는 듯해서 AI 서비스에 전적으로 의존하게 되는 것이다. 하지만 대규모 언어 모델은 인터넷 검색을 무척 많이 한 결과를 조합해서 알려주는 것과 같다는 점을 인식해야 한다. 우리가 계획을 세우고 문제를 해결하려고 할 때 인터넷 검색 결과를 유용하게 활용할 수는 있지만 전적으로 검색 결과에만 의존하지는 않듯이 대규모 언어 모델도 유용하게 참고하고, 전적으로 의존해서는 안 된다.

원론적으로는 대규모 언어 모델을 먼저 사용하여 대중의 평균적 인식이나 업계 관행, 학계 정설 등을 무난하게 따르는 결과를 도출한 후 자신만의 관점으로 보다 구체화시키고 특화시키는 접근 방식이 효과적이다. 문제는 대규모 언어 모델이 제시하는 상식에 가까운 결과들을 먼저 보면 자신의 관점도 이 상식적인 관점과 비슷해질 가능성이 커진다는 것이다. 영화를 보기 전에 해당 영화에 대한 평론이나 감상평을 실컷 보게 되면 알게 모르게 자신의 감상평도 이 내용들과 비슷해질 가능성이 생기는 것과 같다.

졸업을 앞두고 있는 대학교 과 대표가 같은 과 친구들과 졸업여행을 언제, 어디로 갈지 구상하는 경우를 생각해보자. 먼저 대규모 언어 모델을 활용해서 졸업여행에 관해 궁금한 것들을 찾아보면 과거부터 현재까지 보통의 대학생들이 가장 빈번하게 졸업여행을 갔다 온 사례들을 중심으로 한 답변을 보게 된다. 이 내용들을 먼저 본 과 대표의 구상은 비슷하게 상식적인 사례에 갇힐 가능성이 높다. 이때는 먼저 주도적으로 구상한 후 생각을 구체화하고 현실화하는 과정에서 대규모 언어 모델을 활용하고, 이 과정에서 자신의 생각을 좀 더 발전시키고 구체화하는 것이 좋다.

대규모 언어 모델을 기반으로 만들어진 AI 서비스를 사용하는 입장에서는 프롬프트 엔지니어링을 익히고 연습하는 것이 중요하다. 프롬프트 엔지니어링(Prompt Engineering)에서 말하는 프롬프트는 대규모 언어 모델을 기반으로 만들어진 AI 서비스에 사용자가 연속적으로 하는 질문이나 요청을 말한다. 프롬프트 엔지니어링의 목표는 프롬프트를 구성하는 단어나 문장, 문법, 문맥 등의 다양한 요소를 고려하여 대규모 언어 모델이 질문이나 요청에 더 효과적으로

대답할 수 있도록 최적의 프롬프트를 생성하는 것이다.[16]

프롬프트 엔지니어링을 어떻게 해야 하는지 팁을 알려주는 내용들은 인터넷 검색만 해봐도 쉽게 찾을 수 있다. 이런 팁들을 아는 것이 중요한 것이 아니라, 실제로 시도해보면서 대규모 언어 모델을 기반으로 만들어진 생성형 AI 서비스에 연속적인 질문들을 어떤 식으로 하는 것이 효과적인지 연습하는 것이 중요하다.

대규모 언어 모델은 일반적인 고객센터 직원들이 알아야 하는 매뉴얼로 훈련된 고객센터 직원의 상태와 비슷하다고 할 수 있다. 그런데 만약 이 고객센터 직원이 복합 화력발전소에서 사용되는 발전기나 터빈에 대한 고객 문의 사항에 대응해야 한다면 일반적인 상황을 염두에 둔 매뉴얼만으로는 한계가 있다. 이 직원을 복합 화력발전소 분야에 맞게 더욱 특화된 교육을 시키는 과정이 바로 전이 학습이다.

고객센터에 전화한 고객은 한 번의 질문만 하는 것이 아니라,

16 장동인(2023), 『챗GPT시대 기업이 살아남는 법』, 166쪽, 리코멘드.

답변을 들어가면서 반복적으로 질문이나 요청을 하게 된다. 통화가 끝나고 며칠이나 몇 주 뒤에 다시 고객센터에 전화하면 이 고객이 과거에 고객센터와 통화한 이력이 있고, 다시 통화하게 된 고객센터 직원은 과거 이력을 보면서 대응한다. 고객 입장에서는 자신이 원하는 바를 최대한 빨리 확실하게 얻기 위해서 어떤 표현을 하고, 어떤 순서대로 질문하고 요청할 것인지 나름의 고민을 하게 되는데, 이 고민이 고객 입장에서는 프롬프트 엔지니어링에 해당한다.

전이 학습은 대규모 언어 모델을 활용하여 AI 서비스를 만들려고 하는 AI 개발자 또는 AI 사업자 입장에서 접근할 수 있는 영역이지만, 프롬프트 엔지니어링은 대규모 언어 모델에 기반한 AI 서비스를 사용하는 입장에서도 유용하게 활용할 수 있는 방법이다.

대규모 언어 모델에 기반한 대표적인 생성형 AI 서비스이자 초거대 AI인 챗GPT를 활용하는 방법을 다룬 많은 책들 가운데 장동인 교수의 『챗GPT시대 기업이 살아남는 법』을 가장 추천한다. 이 책은 챗GPT뿐만 아니라 대규모 언어 모델을 기반으로 만들어진 다른 AI 서비스를 사용할 때도 유용하다.

대규모 언어 모델에 기반한 AI 서비스를 개인이 사용하는 데는 큰 문제가 없지만 회사가 업무와 비즈니스를 위해 사용할 때에는 보안 관점에서 문제가 될 수 있다. 예를 들어 반도체 제조회사에서 근무하는 엔지니어가 자신이 현재 겪고 있는 반도체 공정상의 문제를 어떻게 해결해야 하는지 챗GPT에 물어보는 상황을 가정해보자. 이 반도체 엔지니어의 질문은 챗GPT를 통해서 오픈AI에 전달되고, 오픈AI는 이 엔지니어가 일하고 있는 반도체 회사에 최근 어떤 기술적인 문제가 생겼는지 알 수 있게 된다. 또 다른 반도체 회사의 엔지니어가 챗GPT에게 경쟁 반도체 회사가 최근 어떤 기술적인 문제를 겪고 있는지 물어보면 챗GPT는 앞의 엔지니어가 질문한 내용을 토대로 경쟁 반도체 회사가 겪고 있는 기술적인 문제를 알려줄 수도 있게 된다.

이러한 보안상의 문제점을 감수하고 챗GPT처럼 대규모 언어 모델에 기반한 AI 서비스를 업무와 비즈니스에 전향적으로 사용하는 기업들도 있다. 하지만 보안상의 이슈가 중요한 회사라면 이러한 AI 서비스를 업무와 비즈니스에 그대로 사용하는 것보다는 자신들의 내부 네트워크 안에 대규모 언어 모델을 위치시킨 후 업무와 비즈니스에 맞게 전이 학습시키고 RAG 기술을 적용하는 방향으로 개발해서 활용하는 것이 좋다. 이런 식으로 개발한 대규모 언어 모델은 기업의 내부 네트워크 안에서만 작동하고 그 기업만이 사용할 수 있기 때문에 보안 문제를 피할 수 있다.

자신들이 사용하기 위해 대규모 언어 모델을 내부 네트워크로 가지고 와서 개발하는 경우도 있지만 불특정 다수의 고객이 사용할 수 있도록 하기 위해서 대규모 언어 모델로 AI 서비스를 만들려고 하는 AI 개발자 또는 AI 사업자도 존재한다. 이때는 다음과 같은 과정을 거치면 효과적이다.

첫째, 대규모 언어 모델을 활용하는 것이 최선인지 그렇지 않은지 먼저 판단해볼 필요가 있다. 대규모 언어 모델이 현재의 대세라고 해서 모든 문제에서 이 모델이 최선인 것은 아니다. 기계학습이 최선일 수도 있고, AI보다는 통계적인 방법이 더 효과적일 수도 있다.

둘째, 수많은 대규모 언어 모델 중 주어진 문제에 더 적합한 모델을 선택하는 과정이 필요하다. 2017년에 발표된 구글 트랜스포머 AI 모델에서 파생된 대규모 언어 모델들은 크게 BERT 계열과 GPT

계열로 나뉜다. 같은 대규모 언어 모델도 버전이 계속 바뀌고 있다. 풀고자 하는 문제에 가장 적합한 대규모 언어 모델이 무엇인지를 성능 테스트를 통해서 결정하는 과정이 필요하다.

셋째, 온프레미스(On-premise) 환경에서 개발할 것인지 클라우드 플랫폼 환경에서 개발할 것인지를 결정해야 한다. 온프레미스는 기업의 서버를 클라우드와 같은 원격 환경에서 운영하는 것이 아니라 자체적으로 보유한 전산실에 직접 설치해 운영하는 방식을 말한다.[17] 과거에는 클라우드 플랫폼 환경이 아니라 온프레미스 환경에서 AI를 개발하는 것이 일반적이었고, 최근에도 기업의 지적 재산이 외부로 유출되는 것을 꺼려서 온프레미스에서 개발하는 경우가 있다. 하지만 Part 2에서 언급한 바와 같이 실제로는 온프레미스 환경보다 클라우드 플랫폼 환경이 보안 관점에서 더욱 뛰어나다.

클라우드 플랫폼 환경에서 AI 모델을 개발하면 클라우드 플랫폼이 기본적으로 제공하는 AI 도구와 AI 서비스를 활용할 수 있다.

---

17   [IT정보] 온프레미스(On-premise) 개념, seek 블로그, https://blog.naver.com/
      seek316/221745088983.

또한 클라우드 플랫폼이 제공하는 MLOps[18]를 활용할 수 있다는 장점이 있다. 하지만 온프레미스 환경에서 AI 모델을 개발하면 클라우드 플랫폼이 제공하는 AI 도구, AI 서비스, MLOps를 활용할 수 없고 이 요소들을 직접 개발해야 한다.

온프레미스 환경에서 AI 모델을 개발하면 AI 모델을 학습시키는 데 필요한 GPU, AI 반도체를 직접 설치해야 한다. 특정 시점에서 성능이 가장 뛰어난 GPU, AI 반도체도 시간이 지나면 더 뛰어난 성능의 GPU, AI 반도체가 시장에 나타나서 상대적으로 뒤처지게 된다. 온프레미스 환경에서 AI 모델을 개발하면 GPU, AI 반도체의 성능을 계속해서 최상의 것으로 유지하기가 매우 어렵다. 하지만 클라우드 플랫폼 환경에서 AI 모델을 개발하면 GPU, AI 반도체를 옵션으로 쉽게 변경할 수 있다. AI 모델을 개발하다 보면 고사양의 GPU, AI 반도체가 필요하지 않은 경우도 있는데, 클라우드 플랫폼 환경에서 개발하면 사양을 낮춰서 비용을 아낄 수 있다. 하지만 온프레미스 환경에서는 이런 선택이 현실적으로 불가능하다.

---

18 머신러닝 운영(Machine Learning Operations)의 약자인 MLOps는 머신러닝(기계학습) 모델을 구축하고 실행하기 위해 어셈블리 라인을 만들도록 설계된 일련의 과정이다. IBM 웹사이트, https://www.ibm.com/kr-ko/topics/mlops.

또한 온프레미스 환경에서 AI 모델 개발에 필요한 저장 공간을 초기에 확보한 이후 예상 외로 더 많은 저장 공간이 필요해지면 저장 공간을 빠른 시일 안에 늘리기가 어렵다. 반대로 예상 외로 저장 공간의 여유가 많아져도 남는 공간을 활용하기가 어렵다. 클라우드 플랫폼 환경에서는 저장 공간을 손쉽게 늘리거나 줄일 수 있기 때문에 확장성과 비용 최적화 관점에서 훨씬 유리하다.

클라우드 플랫폼 환경에서 AI 모델을 개발하면 이처럼 장점이 많음에도 불구하고 온프레미스 환경에서 개발해야 하는 상황이 생길 수도 있는데, 클라우드 플랫폼 환경에서 AI 모델을 개발하는 것과 온프레미스 환경에서 개발하는 것은 시작부터 완전히 다른 얘기이기 때문에 프로젝트 초기에 명확하게 결정해야 한다.

넷째, 어떤 클라우드 플랫폼을 선택할지 결정해야 한다. 다양한 클라우드 서비스 제공 회사에서 클라우드 플랫폼들을 제공하고 있고 서로 다른 장단점이 있다. 고객이 어떤 클라우드 플랫폼을 선택할지 명시적으로 결정하는 경우도 많지만 AI를 개발하는 회사가 클라우드 플랫폼을 고객에게 제안하는 경우도 있다. 대부분의 클라우드 플랫폼은 대규모 언어 모델을 유용하게 활용할 수 있는 여러 서비스들을 갖추고 있다. 클라우드 플랫폼에는 대규모 언어 모델 뿐만 아니라 클라우드를 활용하는 고객을 돕는 다양한 기술과 서비스들이 준비되어 있다. 이 기술과 서비스들을 일반 고객들이 직접 잘 활용하는 것은 쉽지 않기 때문에 클라우드 플랫폼 도입부터 관리까지 운영 전반을 도와주는 회사가 필요하고, 이런 회사들을 MSP(Managed Service Provider)라고 부른다. 반면 클라우드 플랫폼 자체를 제공하는 아마존 AWS, 마이크로소프트 Azure, 구글 GCP와 같은 회사들을 CSP(Cloud Service Provider)라고 부른다. CSP가 도매업자라면 MSP는 소매업자인 셈이다.

MSP라고 불리는 회사들은 클라우드 플랫폼을 활용하고 운영하기 위한 일반적이고 전반적인 기술과 서비스를 다룬다. AI에 특화된 MSP도 필요한데, 내가 운영하고 있는 회사가 AI를 위한 MSP에 해당하는 일을 하고 있다.

불과 얼마 전만 해도 클라우드가 아닌 별도의 서버 안에서 기계학습이나 대규모 언어 모델을 활용하여 AI 모델을 개발하는 것이 일반적인 접근이었고, 내가 운영하고 있는 회사도 이런 식으로 접근했다. 이런 방식의 개발을 온프레미스 방식이라고 한다. 온프레미스 방식으로 AI를 개발하면 수시로 바뀌고 발전하는 AI 기술을 제대로 반영하기 어렵고 보안, 확장성 관점에서도 불리한 점이 많다. 특히 기계학습이 아닌 대규모 언어 모델을 활용하여 AI 모델을 개발할 때 클라우드 플랫폼의 도움 없이 온프레미스 방식으로 개발하면 기술적으로 매우 어렵고 비효율적인 부분이 많다. 따라서 대규모 언어 모델을 활용하여 AI 모델을 개발하기 위해서는 AI에 특화된 MSP로서 클라우드 플랫폼에 대한 기술적인 이해가 먼저 바탕이 되어 있어야 한다.

마지막으로, 클라우드 플랫폼에서 제공하는 대규모 언어 모델과 관련한 기술과 서비스들을 최대한 활용하고, AI에 특화된 MSP로서 주어진 문제를 더 잘 해결하기 위해 추가 개발을 해야 한다. 대규모 언어 모델의 일반적인 능력을 더욱 특화시키기 위해 전이 학습, RAG을 적용하기 위한 개발이 필요하다. 끊임없이 성능을 측정하여 AI 모델의 성능을 발전시키기 위한 재학습을 시키고, 이 과정이 체계적으로 이루어지도록 하는 시스템을 구축해야 한다. 클라우드 플랫폼은 MLOps를 구현할 수 있는 서비스를 제공하는데, 이 서비스를 활용하여 주어진 문제에 최적화된 MLOps를 구축하면 된다. AI 서비스를 운영하면 데이터가 계속 쌓이고, AI 서비스에 대한 고객의 민족과 불만족에 대한 피드백도 쌓이게 된다. 이렇게 축적한 데이터와 피드백으로 주기적으로 AI 모델의 성능을 계속 발전시킬 수 있는 사이클을 만들어내야 한다. 이 프로세스를 만드는 것을 AI Model Serving Pipeline을 구축한다고 표현한다. 대규모 언어 모델을 활용하여 1회성으로 문제를 푸는 것이 아니라 AI 서비스를 계속 성공적으로 운영하고 AI 모델의 성능이 발전하는 시스템을 만들기 위해서는 클라우드 플랫폼 환경 위에서 MLOps와 AI Model Serving Pipeline까지 구축해야 대규모 언어 모델을 활용하여 AI 서비스를 만드는 개발이 끝난다.

대규모 언어 모델을 활용하여 AI 서비스를 만들려고 하는 AI 개발자 또는 AI 사업자가 참고할 만한 책으로는 허정준 님의 『LLM을 활용한 실전 AI 애플리케이션 개발』을 권한다.

03

대규모 언어 모델의 미래

대규모 언어 모델은 인터넷에서 접근할 수 있는 대부분의 글과 그림들을 학습 대상으로 삼기 때문에 글과 그림을 최초에 만들었던 창작자들의 저작권을 침해하는 경향이 있다. 고유한 문체를 가지고 있는 작가의 모든 작품을 학습한 대규모 언어 모델은 이 작가의 문체와 거의 유사한 새로운 소설이나 시를 쉽게 만들어낸다. 해당 작가는 자신의 문체를 만들기 위해서 한평생을 바쳤다고 볼 수 있는데 대규모 언어 모델은 작가에게 적절한 보상을 지불하지도 않고 문체를 활용하는 것이다. 마찬가지로 고유한 화풍을 가지고 있는 화가의 모든 그림을 학습한 대규모 언어 모델은 화가에게 정당한 대가를 지불하지 않고 화풍을 쉽게 베낄 수 있다.

이 문제를 해결하기 위해서는 대규모 언어 모델이 학습 대상으로 삼을 수 있는 데이터를 제한해야 한다. 저작권이 있는 데이터를 학습하는 경우에는 저작권자에게 적절한 보상이 제공될 수 있도록 해야 한다. 이 과정을 항상 수작업으로 할 수는 없기 때문에 대규모 언어 모델을 학습시키는 과정에서 시스템적으로 이런 일이 가능하도록 만들어야 하고, 제한과 보상이 제대로 이루어질 수 있도록 법과 규정을 정비할 필요가 있다. 당사자가 자신의 데이터를 수집하는 행위를 허용하지 않는다고 명시할 때는 정보 수집을 금지하고, 명시하지 않을 때에는 정보 수집을 허용하는 옵트아웃(Opt-Out)[19]이 현재 대규모 언어 모델에 제한을 가하기 위해 도입할 법과 규정으로 논의되고 있다.

1990년대 후반 인터넷 검색이 보편화되기 시작했을 때 변호사, 회계사, 세무사 같은 전문직의 역할이 인터넷 검색으로 대체될 것이라는 기대감이 일각에서 나타났다. 하지만 30여 년이 지난 지금 상

---

19 위키백과 옵트아웃, https://ko.wikipedia.org/wiki/옵트아웃.

황은 전혀 그렇지 않다. 대규모 언어 모델이 유용한 기술인 것은 분명하지만 인터넷 기술과 마찬가지로 한계도 있다. 대규모 언어 모델이 디자인해주고, 소프트웨어 코딩을 해주는 현실이 처음에는 매우 놀랍게 느껴졌다. 내가 경영하고 있는 회사에서도 디자인과 소프트웨어 코딩에 대규모 언어 모델을 활용하기 위해 끊임없이 시도하고 있다. 주니어급 이하, 특히 신입 사원 정도의 역량을 갖춘 직원에게 맡길 만한 일은 대규모 언어 모델이 어느 정도 대신 해 줄 수도 있지만 그 수준을 넘어서는 일에서는 대규모 언어 모델의 결과를 직접적으로 사용하기 어렵다. 대규모 언어 모델을 통해 해결해야 하는 일을 해내기 위해서는 이 모델을 그대로 활용해서는 안 되고 프롬프트 엔지니어링, 전이 학습, RAG를 해야 한다. 많은 경우에 이런 일을 하는 데 시간을 들이는 것보다 그냥 처음부터 사람이 직접 하는 것이 훨씬 나은 경우가 많다. 마치 신입 사원에게 일일이 다 설명해주고, 할 수 있는 일을 떼어서 주고, 해낸 일을 확인할 바에는 그냥 처음부터 선배 직원이 알아서 다 하는 것이 훨씬 나은 경우와 같다.

신입 사원과 대형 언어 모델은 크게 다른 점이 있다. 신입 사원은 일을 가르쳐주고 성과를 낼 수 있는 기회를 주면 점차 성장해서

훗날 회사에서 중추적인 역할을 할 수 있다. 하지만 대형 언어 모델을 신입 사원처럼 장기적으로 키워서 활용한다고 생각하기는 쉽지 않다.

GPT라는 대형 언어 모델을 기반으로 만들어진 초거대 생성형 AI 서비스 챗GPT를 사용하는 사람이 1년 동안 자신의 업무 노하우를 챗GPT에 집중적으로 제공하고 필요한 질문을 했다고 가정해 보자. 그럼 챗GPT는 이 업무에 대해서 보다 발전된 답변을 하게 된다. 문제는 챗GPT를 이 사람만 독점적으로 이용하는 것이 아니라 전 세계에 있는 수많은 사람이 같이 이용하기 때문에 이 사람 덕분에 챗GPT가 똑똑해진 효과를 누구인지도 알 수 없는 전 세계 수많은 사람도 같이 누리게 된다는 것이다. 이 문제를 해결하는 방법은 특정 대규모 언어 모델을 회사 내부망으로 가져온 후 회사 안에서만 활용할 수 있는 AI 서비스를 대규모 언어 모델을 기반으로 만들어서 구현하는 것이다. 회사 임직원들이 AI 서비스를 계속 이용하면 대규모 언어 모델은 점점 더 똑똑해지고, 이렇게 더 똑똑해진 대규모 언어 모델을 회사 밖의 사람들은 이용할 수 없다.

길거리를 배회하는 고양이와 집 안에서 키우는 반려 고양이의 차이는 의미를 부여하고 적극적으로 키우는 주인이 있느냐는 점이다. 신입 사원을 장기적으로 육성하는 것과 같은 일을 대규모 언어 모델에 적극적으로 하기 위해서는 마치 집 안에서 키우는 고양이처럼 대규모 언어 모델에 의미를 부여하고 사람에게 인격을 부여하듯이 해야 한다.

앞으로는 반려동물을 키우는 것처럼 자신만의 대규모 언어 모델을 키운다고 인식하는 사람들이 늘어날 것이다. 특정한 문제를 해결하는 데 최적화된 기계학습으로 만든 AI 모델에 의미나 인격을 부여하기는 어렵지만, 대규모 언어 모델은 기본적으로 인간과 대화할 수 있고, 사용자와 상호작용을 통해서 변화하고 발전하는 것을 체감할 수 있기 때문에 반려동물처럼 의미를 부여하기가 훨씬 용이하다.

조직 내에서 대규모 언어 모델을 한 사람의 임직원처럼 인식하고, 어떤 사용자와 오래 대화하여 사용자에 대해 누구보다 잘 알고 더 잘 소통할 수 있는 대규모 언어 모델을 가족 구성원처럼 인식하는 세상이 곧 올 것이다.

이런 상황을 전 세계의 불특정 다수 사용자들과 동시에 연결되는 초거대 AI로 구현되는 대규모 언어 모델과, 특정 조직이나 특정 개인만 사용하는 대규모 언어 모델로 구분해볼 수 있다. 초거대 AI 로서의 대규모 언어 모델에도 충분히 인격을 부여할 수 있고, 특정 조직이나 개인만 사용하는 대규모 언어 모델에도 인격을 부여할 수 있다. AI를 소재로 한 SF 로맨틱 코미디 영화 「그녀(Her)」(2013)가 바로 이런 사례에 해당한다. 배우 호아킨 피닉스가 연기한 남자 주인공은 인공지능 운영체제인 사만다와 사랑에 빠지게 된다. 사만다는 남자 주인공과 대화하고 교감하면서 점점 발전하고 변하는데, 영화 후반부에는 사만다가 남자 주인공과만 소통한 것이 아니라 전 세계에 있는 수많은 사용자와 동시에 소통하면서 계속 변화했다는 것을 남자 주인공이 알면서 혼란에 빠지게 된다.

대규모 언어 모델에 인격을 부여한다는 것은 대규모 언어 모델이 한 일의 결과에 대해서도 책임을 지게 할 수도 있다는 뜻이 된다. 철학자들은 대규모 언어 모델이 자유의지를 가지고 있지 않기 때문에 인간에 의해 수동적으로 움직이는 존재라고 생각할 수도 있다. 하지만 대규모 언어 모델은 글로 표현된 인간의 사상과 지식을 거의 모두 학습한 상태의 AI 모델이기 때문에 실제로는 자유의

지가 없다고 하더라도 충분히 하나의 인격체처럼 표현하고 행동할 수 있다.

대규모 언어 모델을 인간에 의해서 학습되고 인간의 의도대로 작동하는 대상으로 보고 활용하는 것도 충분히 유용한 일이다. 대규모 언어 모델에 인격을 부여해서 계속 성장시키고 어떤 역할을 하도록 하는 것도 마찬가지로 다른 관점에서 의미 있는 일이다. 물론 대규모 언어 모델에 인격을 부여하고 역할을 맡기는 접근을 하기 위해서는 법, 규정, 정책, 문화, 시스템 등 기술 외적인 다양한 관점에서 고민과 대비가 필요하다.

대규모 언어 모델 이전의 인공지능 기술인 기계학습, 전문가시스템 등과는 다르게 대규모 언어 모델에 인격을 부여하고 역할을 맡기는 것이 해볼 만한 일인지, 아니면 금지해야 하는 일인지에 대해서 논의가 시작되고 있고, 이 논의가 어떤 방향으로 진행되느냐에 따라서 대규모 언어 모델의 미래가 크게 달라질 것이다.

생성형 AI가 만드는 미래
-우리가 알아야 할 것들

20세기 초부터 시작된 AI 기술은 긴 세월 동안 끊임없이 시행착오를 반복했다. 그러던 2016년 3월 AI 바둑 알파고와 이세돌 9단의 대결을 통해 드디어 AI가 쓸 만한 결과를 만들어낼 수 있다는 사실을 세상에 보여주었다. 오랫동안 성과를 내지 못하던 AI가 제대로 된 성과를 보여주기 시작한 것은 AI의 원료 역할을 하는 빅데이터 생태계가 제대로 구축되었기 때문에 가능했다.

GPU, AI 반도체의 발전과 클라우드 플랫폼의 발전을 바탕으로 2017년 구글이 트랜스포머 AI 모델을 발표한 이후 대규모 언어 모델 기술이 크게 발전하고 있다. 대규모 언어 모델에 기반한 AI 서비스는 사용자의 질문이나 요청에 대한 적절한 답변을 생성하는 생성형 AI에 해당하기 때문에 대중은 대규모 언어 모델을 기반으로 만들어진 AI 서비스를 생성형 AI라고 받아들이고 있다.

생성형 AI 서비스가 대중화되기 이전에 AI는 이것을 직접 다루고 개발하는 사람들의 관심사이자 문제였다. 이 시기에 AI와 대중의 관계는 동물원 울타리 안 코끼리와 관람객의 관계와 같았다. 하지만 생성형 AI 서비스가 대중화되기 시작한 현재 AI는 직접 다루고 개발하는 사람들뿐만 아니라 AI를 수단으로 활용하고, AI가 제공하는 효용을 직접 누릴 수 있는 보통 사람들의 관심이자 문제가 되었다. 이제 AI와 대중의 관계는 반려 강아지와 견주의 관계처럼 바뀌었다.

우리가 과거 컴퓨터, 인터넷, 스마트폰, 카카오톡 등의 메신저, 유튜브 등의 동영상 플랫폼, 메타나 인스타그램 등의 SNS, 넷플릭스 등의 OTT 서비스를 받아들인 과정을 떠올려보자. 대중이 이 기술과 서비스를 본격적으로 받아들이기 시작한 시점보다 훨씬 오래전부터 이 기술과 서비스의 초기 단계 또는 이전 단계에 해당하는 기술과 서비스들이 시도되었고 수많은 시행착오를 겪었다. 이 과정에서 얼리어댑터(Early-Adopter)들이 적극 참여하면서 기술이나 서비스를 만드는 사람들에게 많은 피드백을 제공하여 기술과 서비스 발전을 도왔다. 이 과정을 충분히 거쳐서 무르익어야 그 결과가 지금의 생성형 AI처럼 대중화되는 단계에 이르게 된다. 기술이나 서비스가 대중화되기 시작할 때 일반인 입장에서 할 수 있는 가장 좋은 접근은 다른 사람들처럼 관심을 가지고 너무 심각하게 생각하지 말고 부담 없이 수시로 이용해보는 것이다.

유행하는 노래를 따라서 들어보고, 유행하는 패션에 뒤처지지 않기 위해 적절한 옷을 입어보는 것처럼, 대중화되기 시작한 생성형 AI 기술도 딱 그 정도의 느낌과 방법으로 접근하면 된다. 최근 생성형 AI라고 불리는 대규모 언어 모델을 기반으로 만들어진 AI 서비스들은 학교나 학원에서 전공 기술을 배우듯이 작정하고 공부해야 다룰 수 있는 것이 아니라, 세탁기와 냉장고를 구매한 사람이 매뉴얼을 일일이 읽어보지 않아도 바로 이용할 수 있듯이 최대한 쉽고 편리하게 만들어져 있다. 과거 우리가 스마트폰을 계속 사용하다 보니 자연스럽게 익숙해지고, 스마트폰으로 다양한 일을 정교하게 해낼 수 있게 된 것처럼 생성형 AI에도 비슷하게 접근하면 된다.

컴퓨터, 인터넷, 스마트폰, 카카오톡 등의 메신저, 동영상 플랫폼, SNS, 넷플릭스 등의 OTT 서비스가 나타나기 전과 후의 세상이 완전히 다른 것은 아니다. 지금 이 기술과 서비스들을 이용하지 않는 사람들도 있고, 이를 이용하지 않는다고 해서 많은 일들이 불가능한 것은 아니다. 하지만 이 기술과 서비스에 자주 노출되고 사용하면서 자연스럽게 익숙해지면 좀 더 편리해지는 일들이 생긴다. 생성형 AI도 작정하고 긴 시간 동안 배워야 하는 매우 거창하고 어려운 기술이라고 생각하기보다는 우리가 그동안 자연스럽게 받아들였던 기술과 서비스들 중 하나일 뿐이라고 생각하고 접근하는 것이 좋다.

인터넷이 나름의 역할을 하면서 인간의 삶과 비즈니스를 좀 더 낫게 만든 부분도 있지만, 인터넷이 역할을 할 수 없는 삶과 비즈니스도 있다. 이처럼 생성형 AI가 역할을 할 수 있는 부분도 있고, 그렇지 않은 부분도 존재한다. 인터넷 검색이 보편화되면서 우리의 일상과 일하는 방식이 바뀐 것처럼 생성형 AI는 딱 그 정도의, 또는 그것보다는 좀 더 큰 폭의 변화를 우리에게 선사할 것이다. 당장 챗 GPT나 유사한 생성형 AI에 이런저런 말을 걸어보면서 생성형 AI를 일상의 일부로 만들어보자.

참고문헌

· 길버트 미즈라히 저, 김진호 역(2024), 『프롬프트 엔지니어링의 비밀』, 길벗.

· 김동성(2024), 『LLM, 거대 언어 모델의 이해』, 커뮤니케이션북스.

· 김명락(2020), 『이것이 인공지능이다』, 슬로디미디어.

· 김용성(2023), 『챗GPT 충격, 생성형 AI와 교육의 미래』, 프리렉.

· 김유신·김기태(2024), 『코드 너머의 언어 대규모 언어 모델과 프롬프트 엔지니어링』, 생각나눔.

· 루이스 턴스톨·레안드로 폰 베라·토마스 울프 저, 박해선 역(2022), 『트랜스포머를 활용한 자연어 처리』, 한빛미디어.

· 리우콩·두젠둥·투밍·센성위 저, 조해창 역(2024), 『ChatGPT 원칙과 실습』, 지니북스.

· 박종천(2024), 『챗GPT 시대 살아남기』, 골든래빗.

· 벤 아우파스 저, 이병욱 역(2024), 『LangChain으로 구현하는 LLM』, 에이콘출판사.

· 서지영(2024), 『랭체인으로 LLM 기반의 AI 서비스 개발하기』, 길벗.

· 송인섭·이기주·최성호·이주은·남궁혜림·박소정·김남규(2024), 『LLM의 시대: 언어 모델의 혁신과 진화』, BOOKK(부크크).

· 시난 오즈데미르 저, 신병훈 역(2024), 『쉽고 빠르게 익히는 실전 LLM』, 한빛미디어.

· 심영환(2024), 『전혀 다른 생성형 AI』, 제이펍.

· 오세욱·송해엽(2023), 『대규모 언어 모델과 저널리즘』, 한국언론진흥재단.

· 요시다 신고·오시마 유키 저, 최용 역(2024), 『챗GPT와 랭체인을 활용한 LLM 기반 AI 앱 개발』, 위키북스.

· 요시키 간다 저, 임선집 역(2024), 『25가지 문제로 배우는 LLM 입문 with 파이

썬』, 루비페이퍼.

· 이승우(2024), 『챗GPT API를 활용한 챗봇 만들기』, 한빛미디어.

· 이호수(2024), 『생성형 AI 산업별 활용 트렌드』, 좋은습관연구소.

· 장동인(2023), 『챗GPT시대 기업이 살아남는 법』, 리코멘드.

· 조대협(2024), 『랭체인으로 실현하는 LLM 아키텍처』, 프리렉.

· 크리스 프레글리·안체 바르트·셸비 아이겐브로데 저, 이승필·한우선 역, 『AWS로 구현하는 생성형 AI』, 위키북스.

· 허정준(2024), 『LLM을 활용한 실전 AI 애플리케이션 개발』, 리코멘드.